¡Bienvenido a Aires de primavera!

Prepárate para sumergirte en la serenidad del campo, donde cada página es una ventana a paisajes tranquilos y encantadores.

Deja que tus colores den vida a las flores y los senderos mientras disfrutas de este viaje creativo.

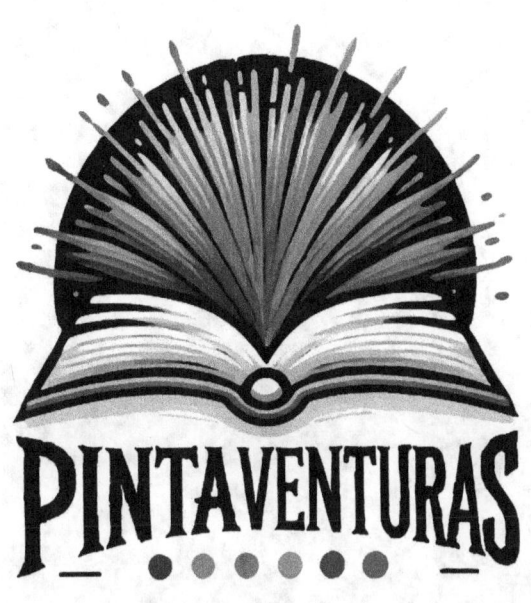

PINTAVENTURAS

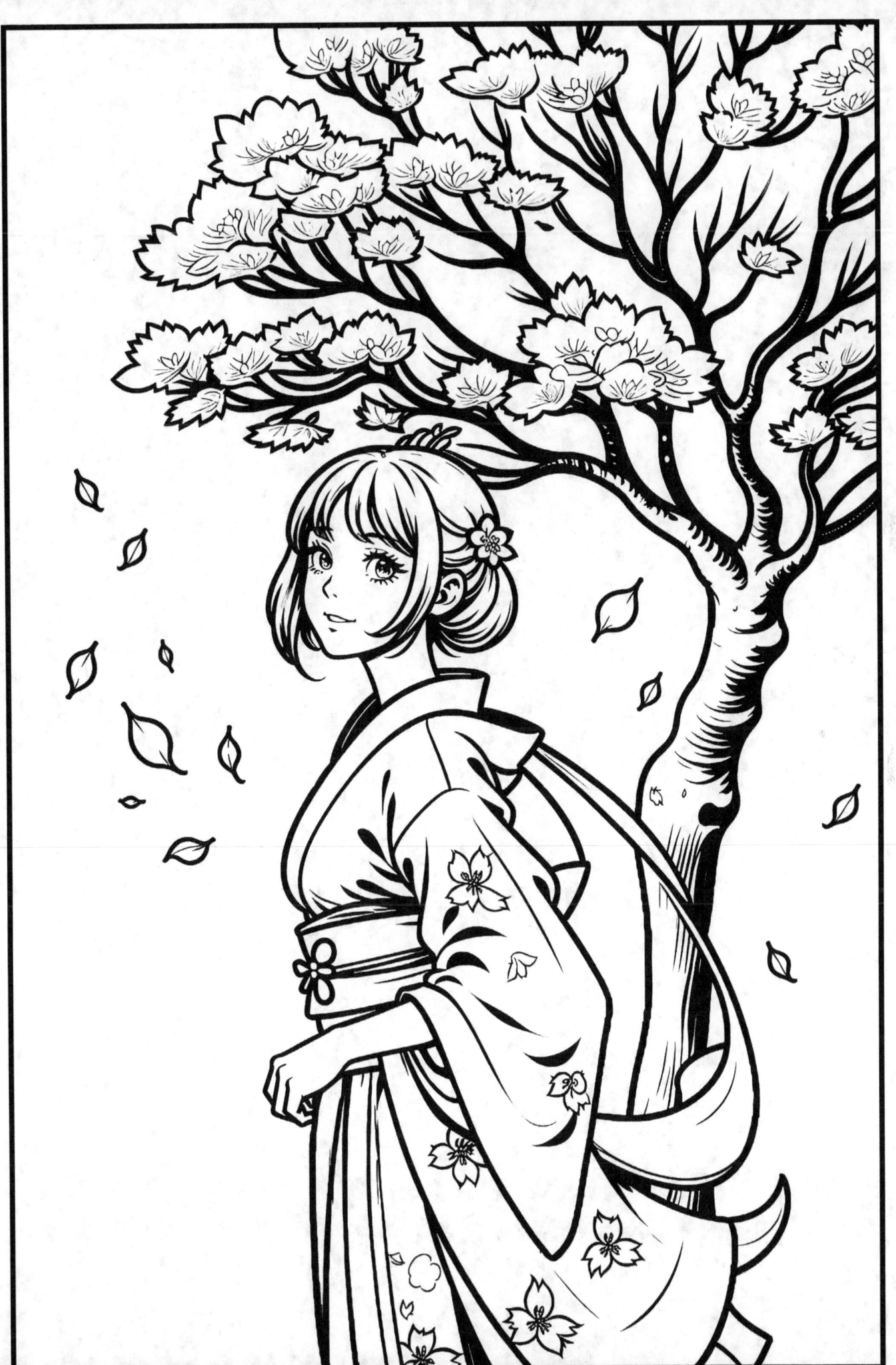

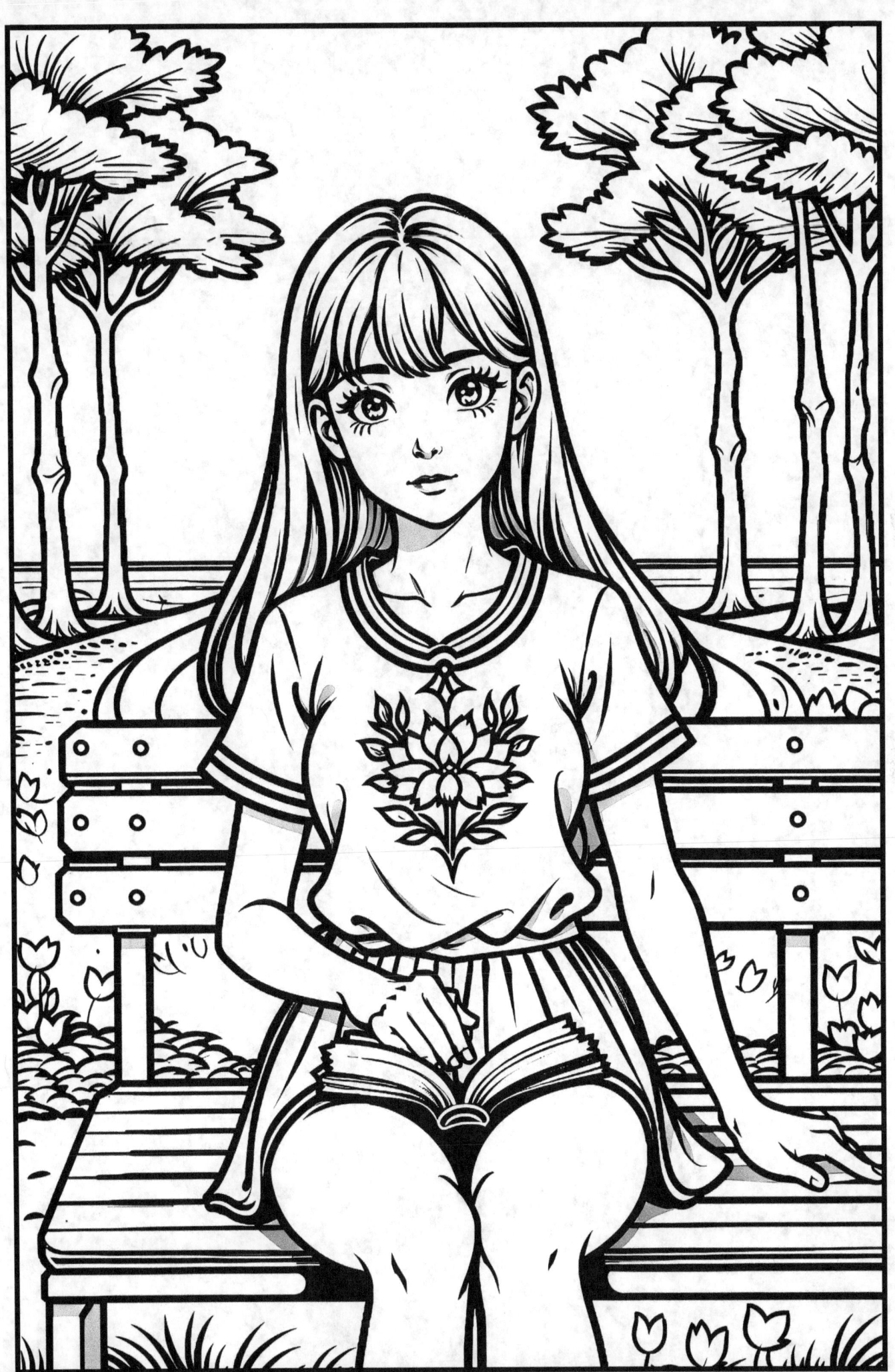

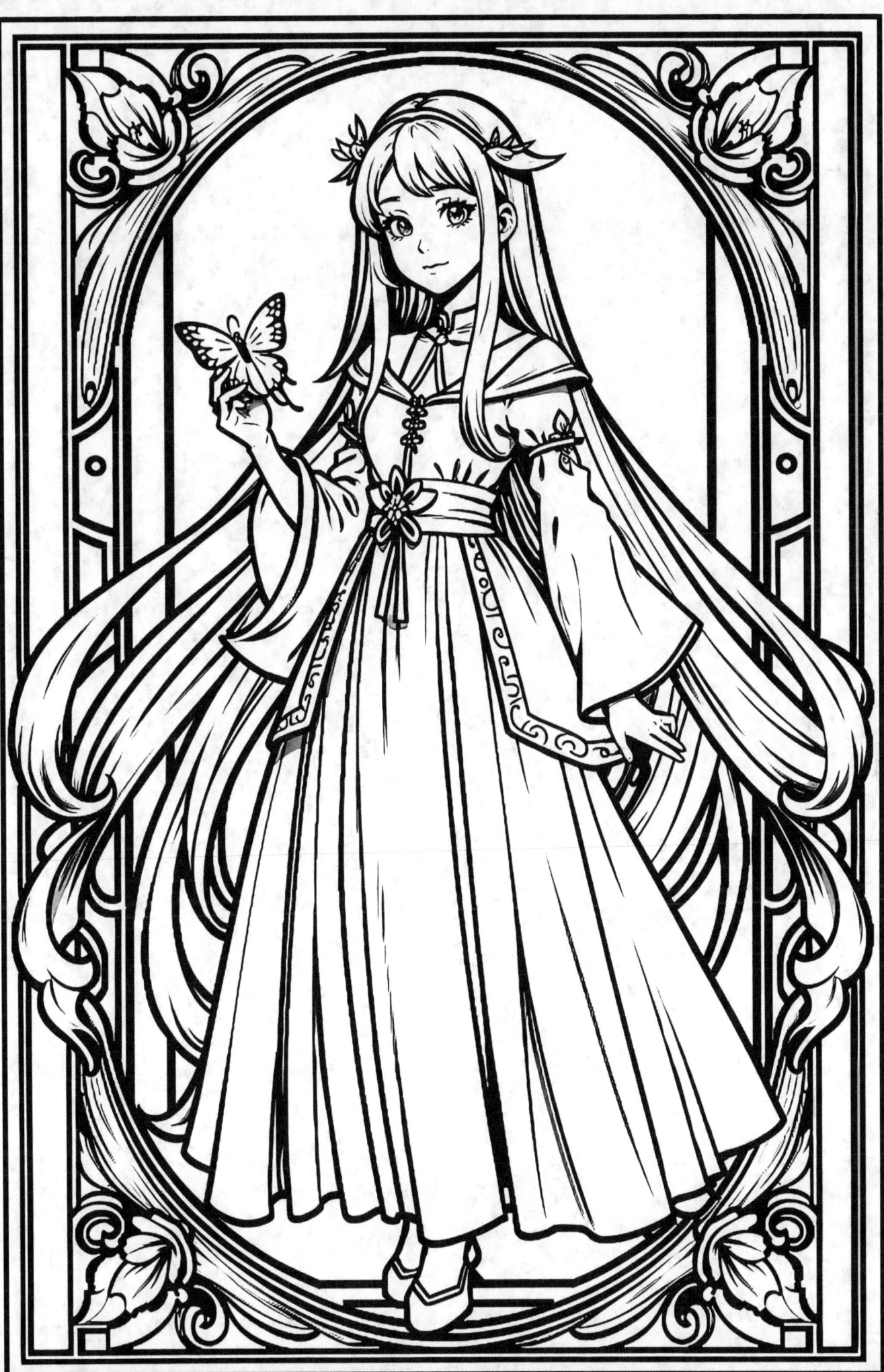

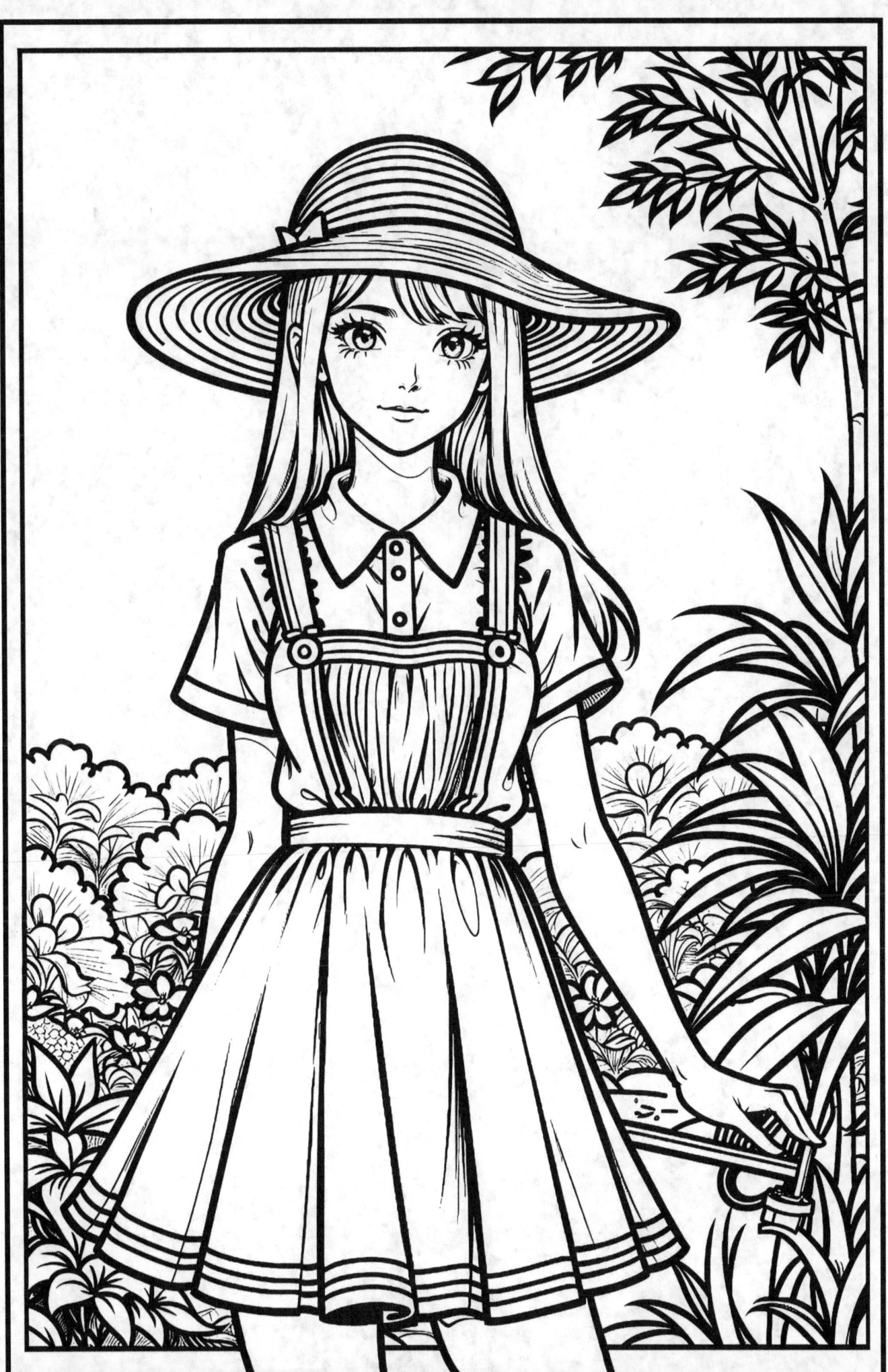

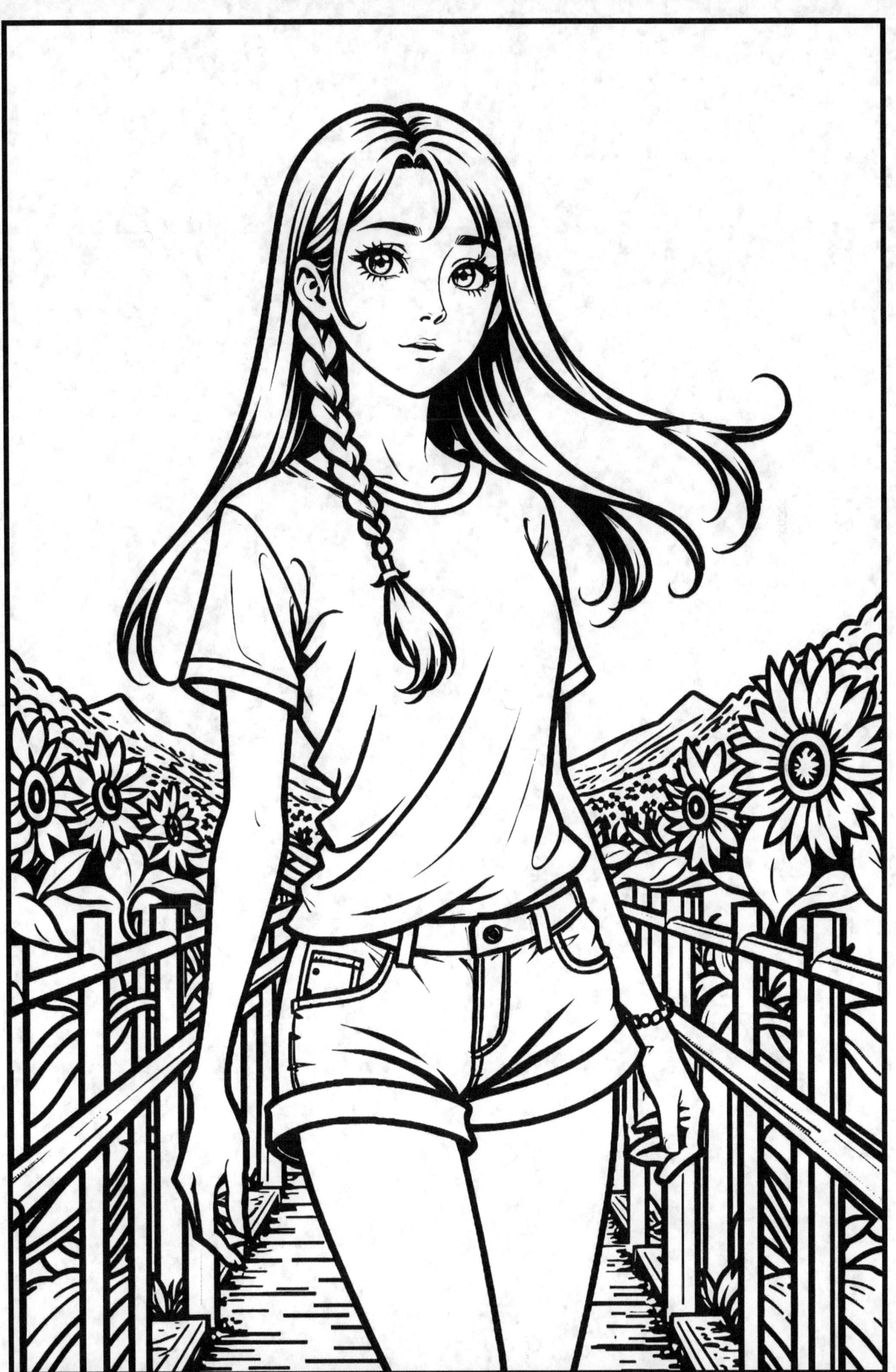

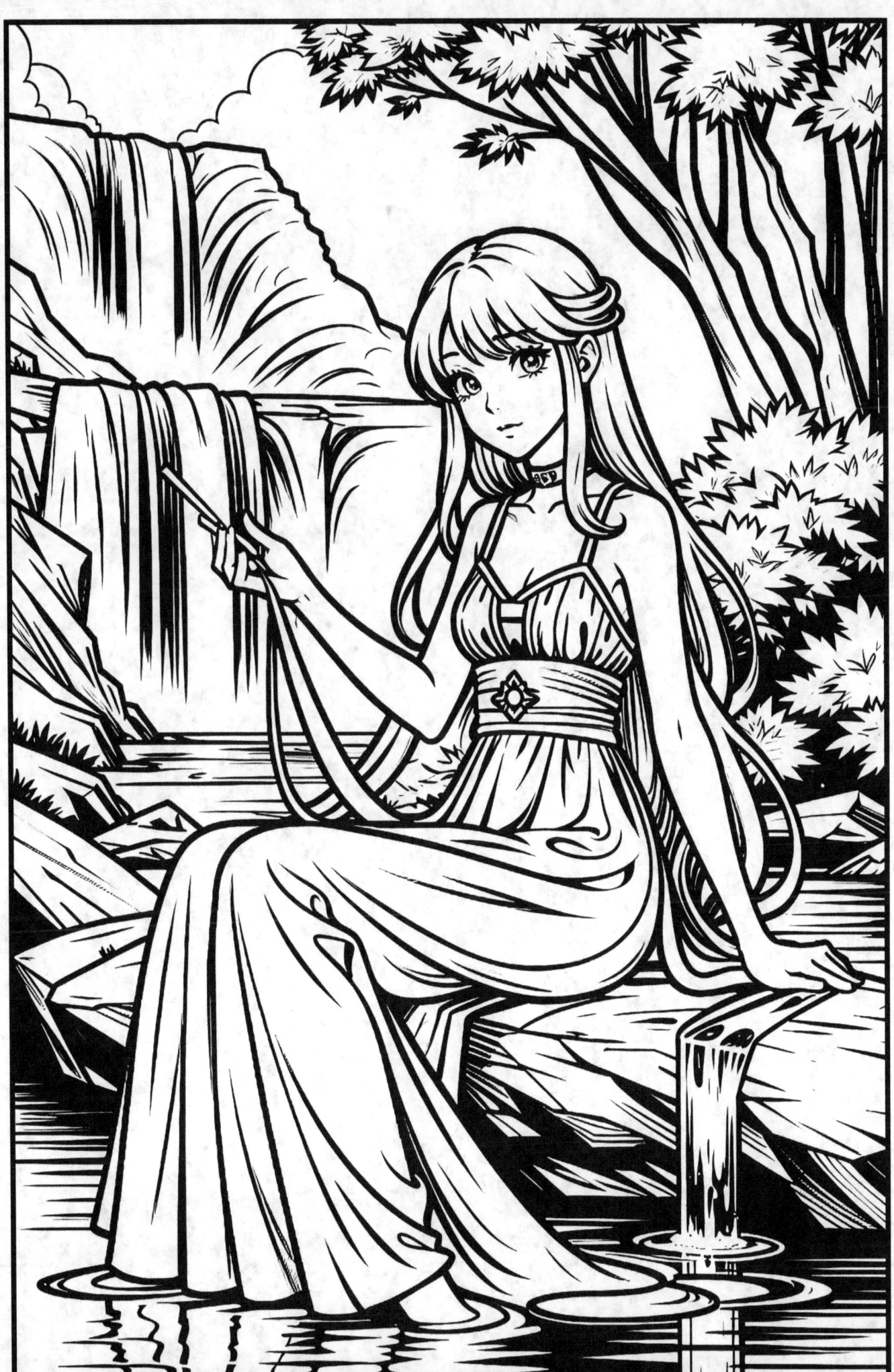

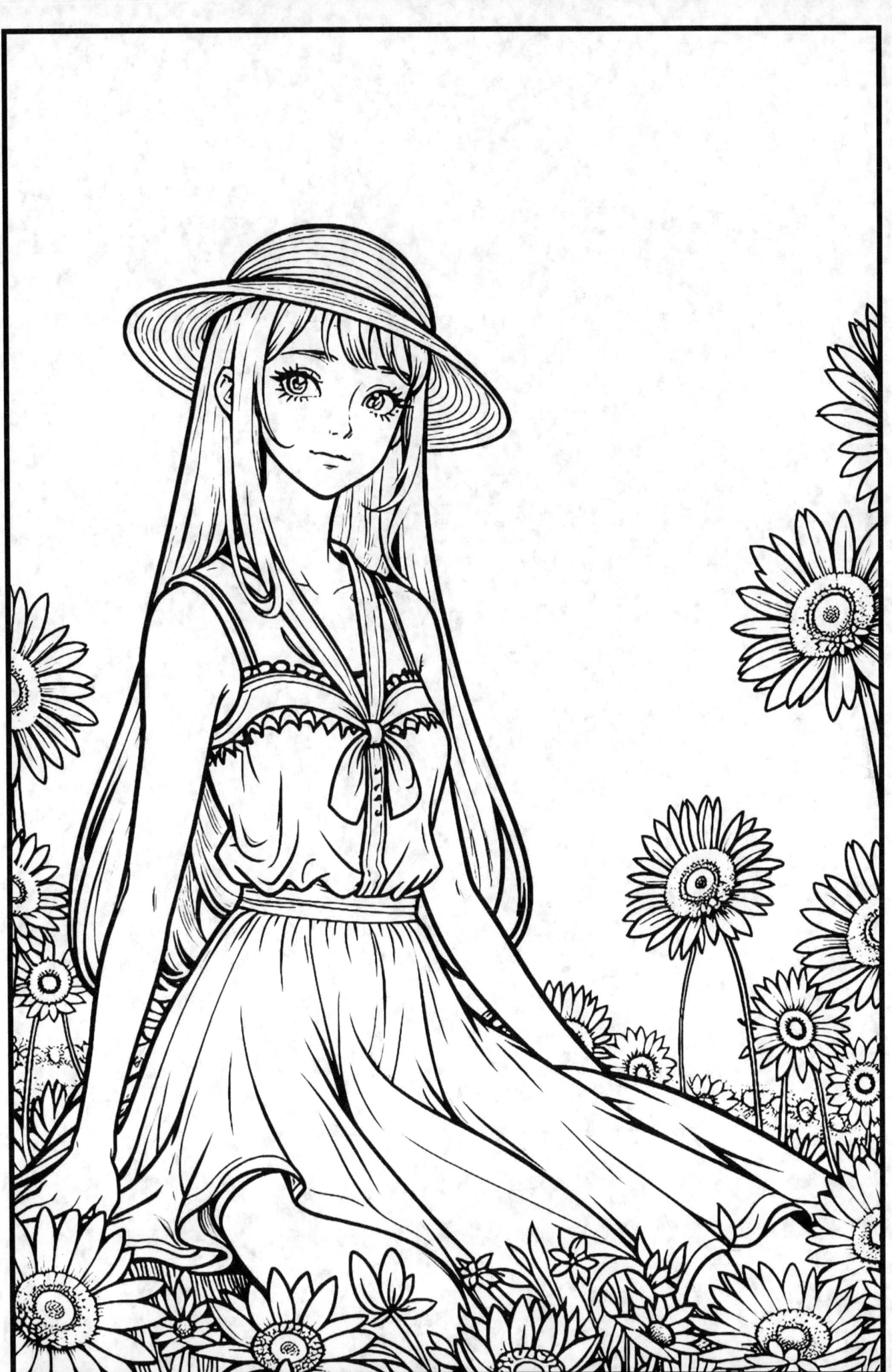

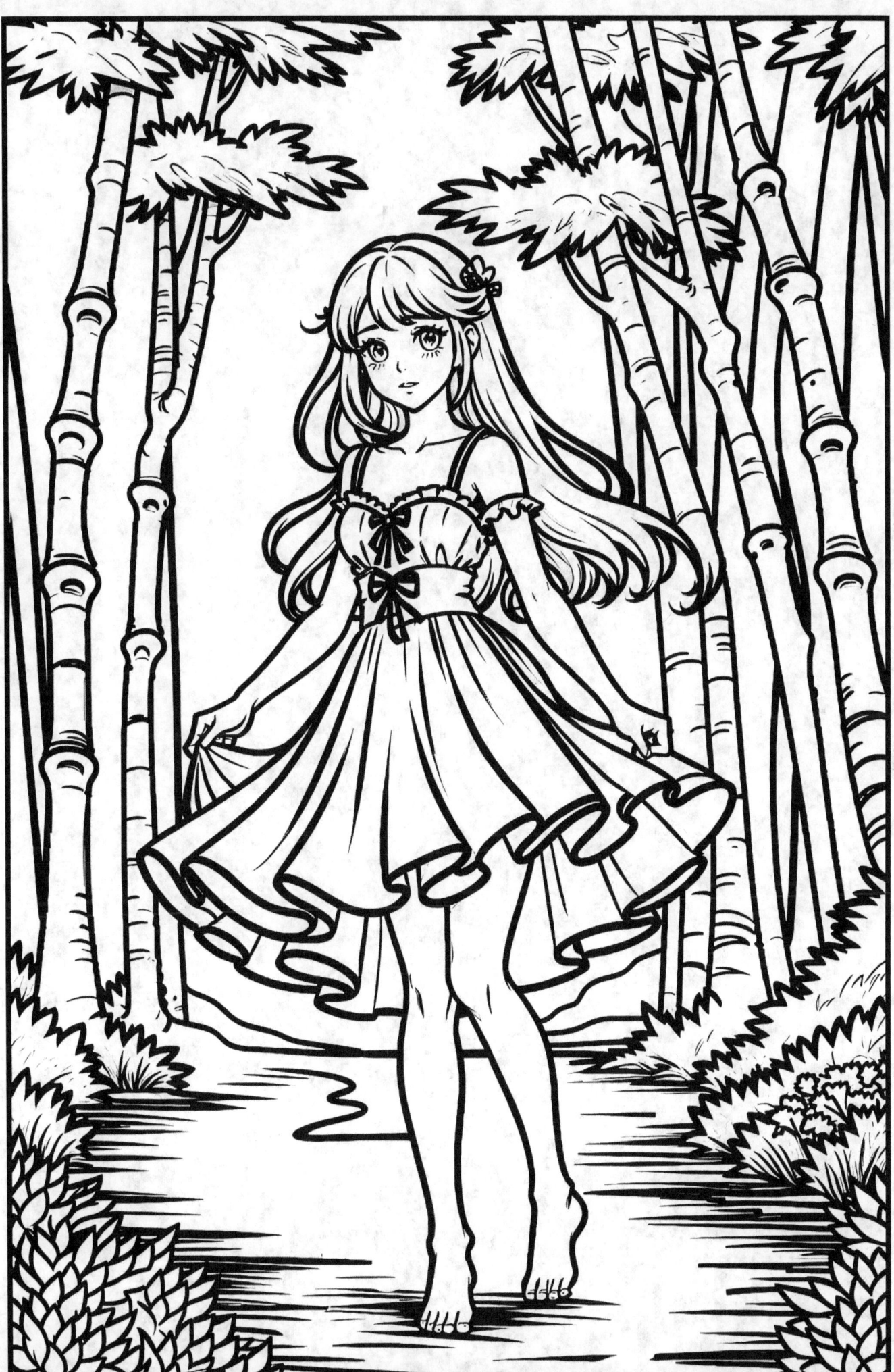

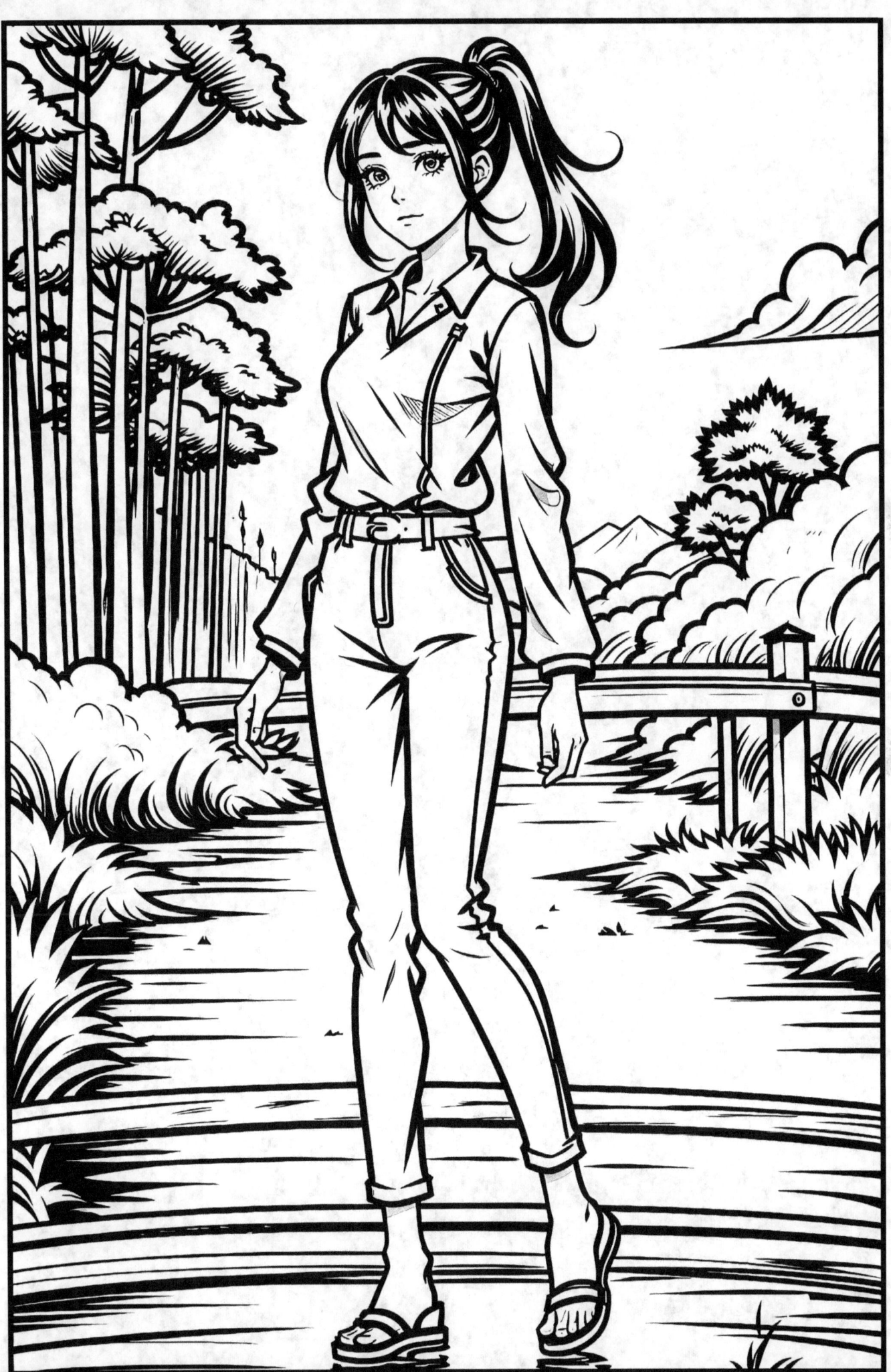

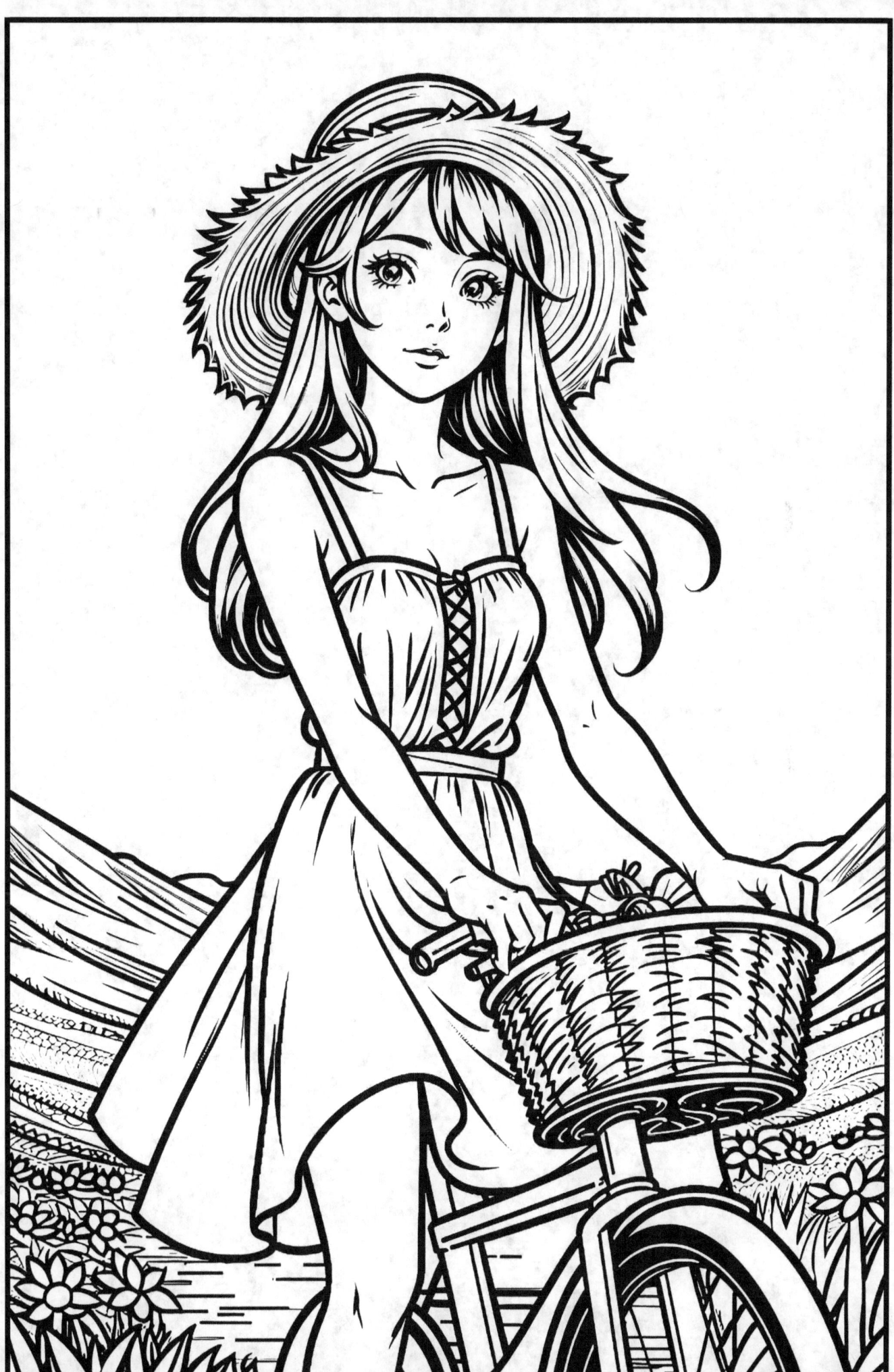

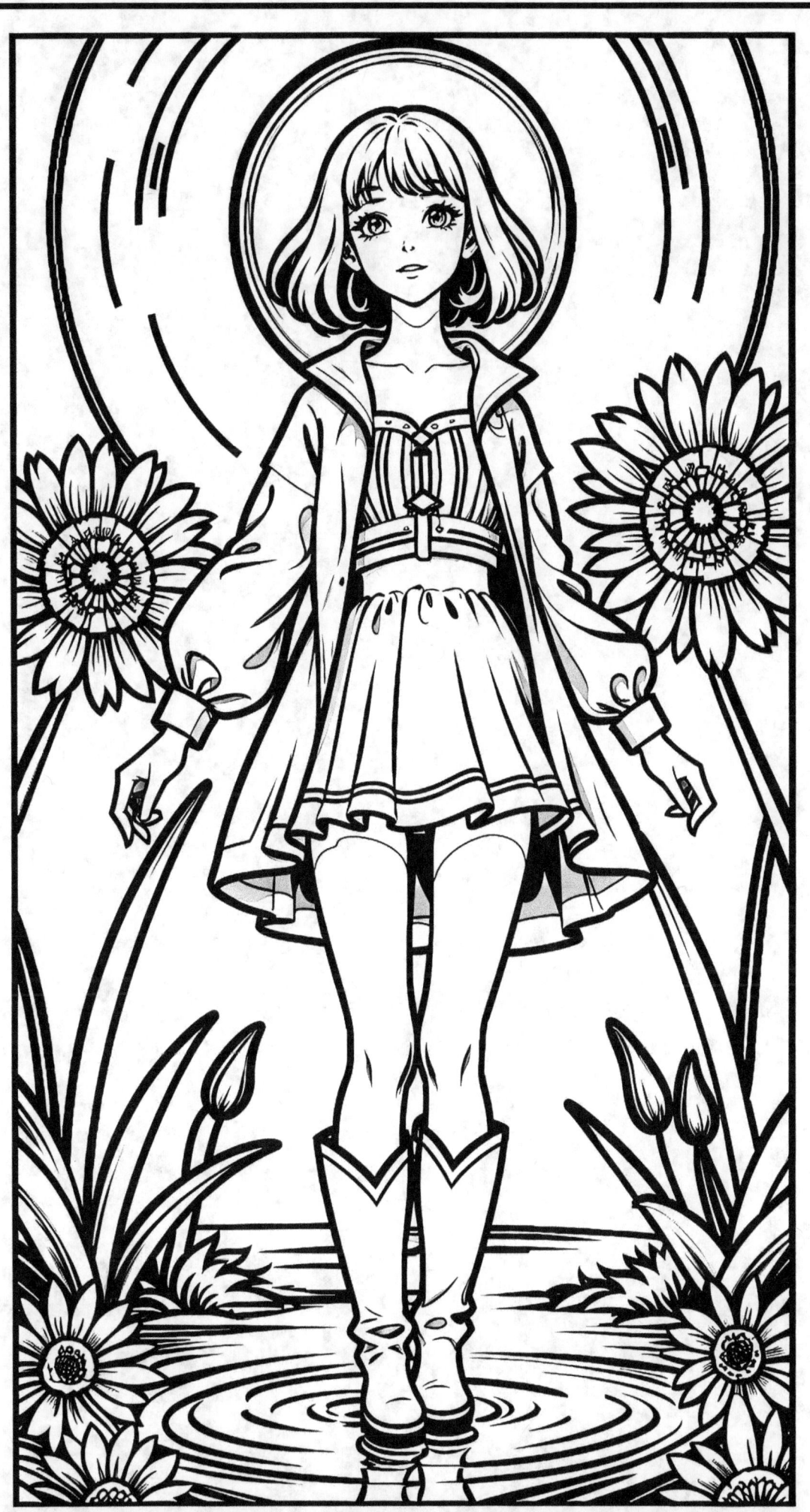

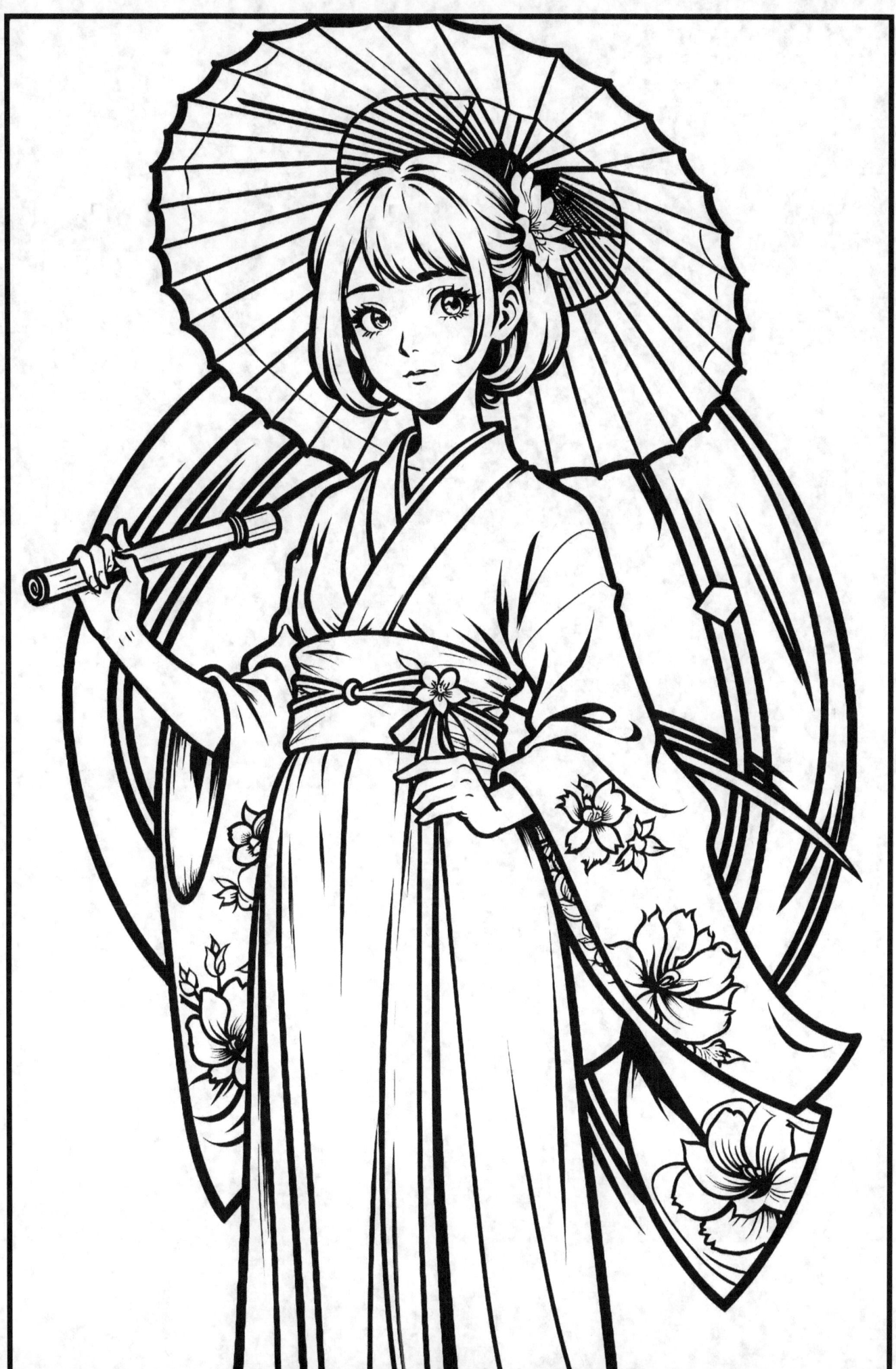

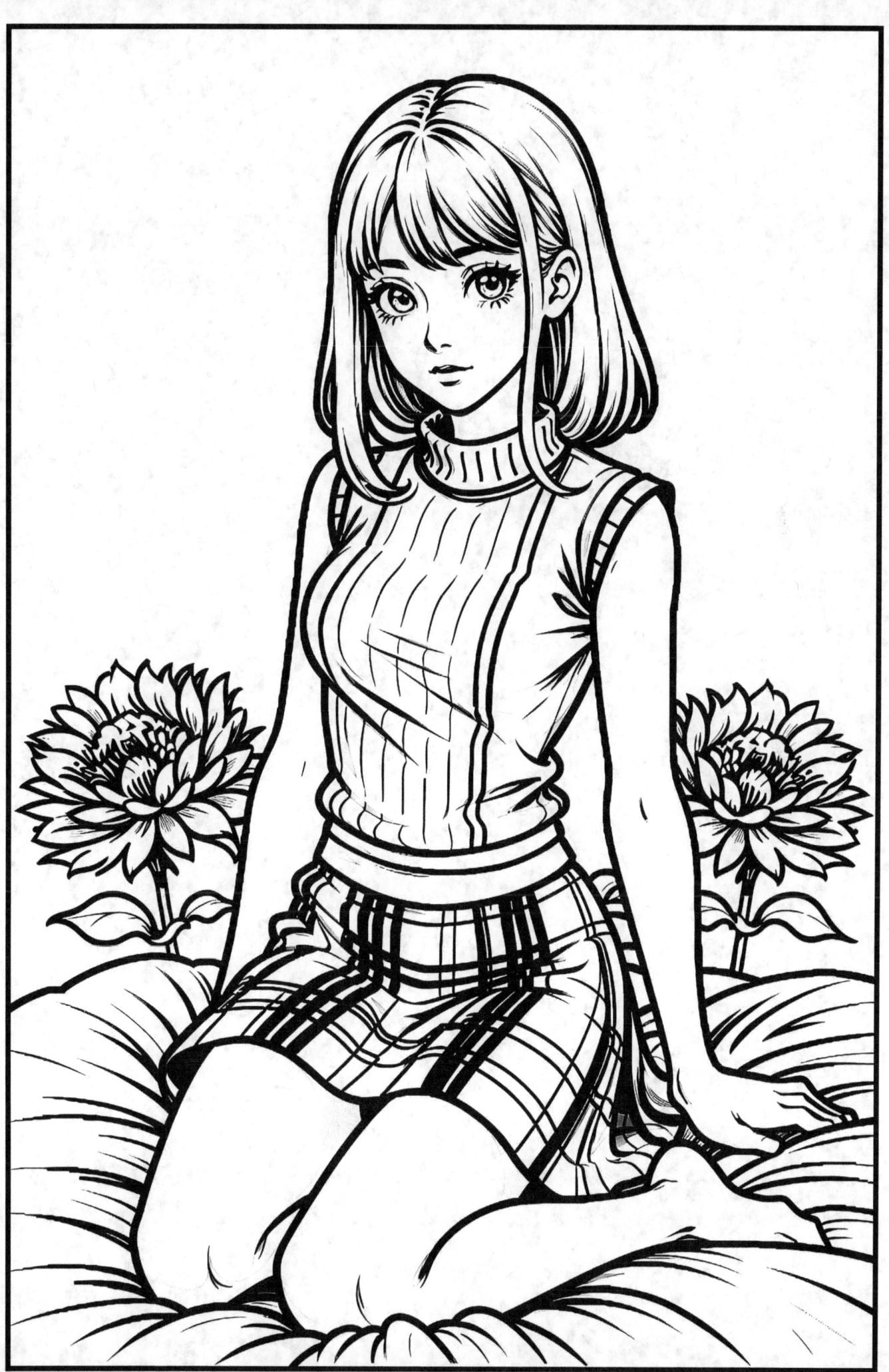

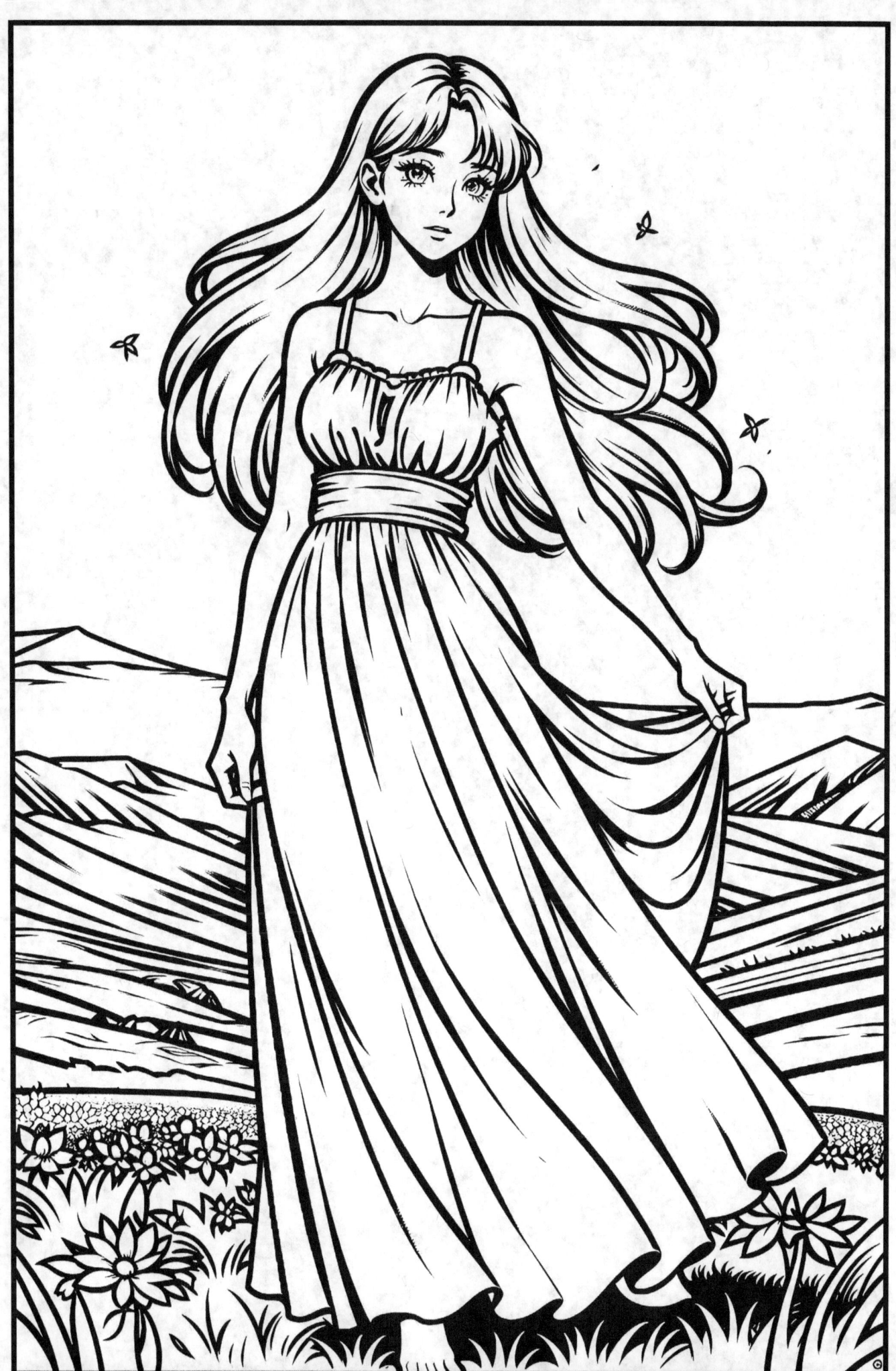

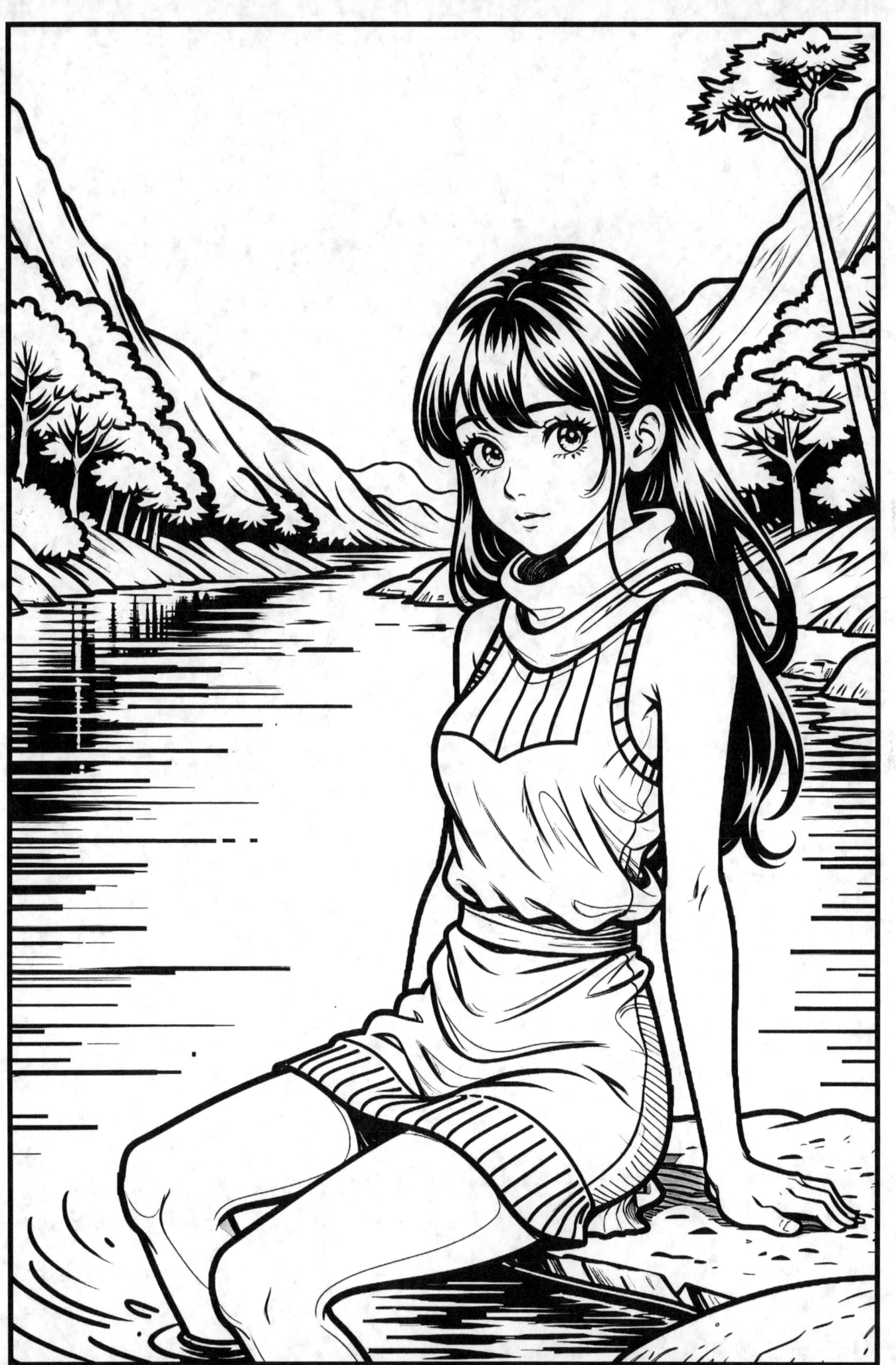

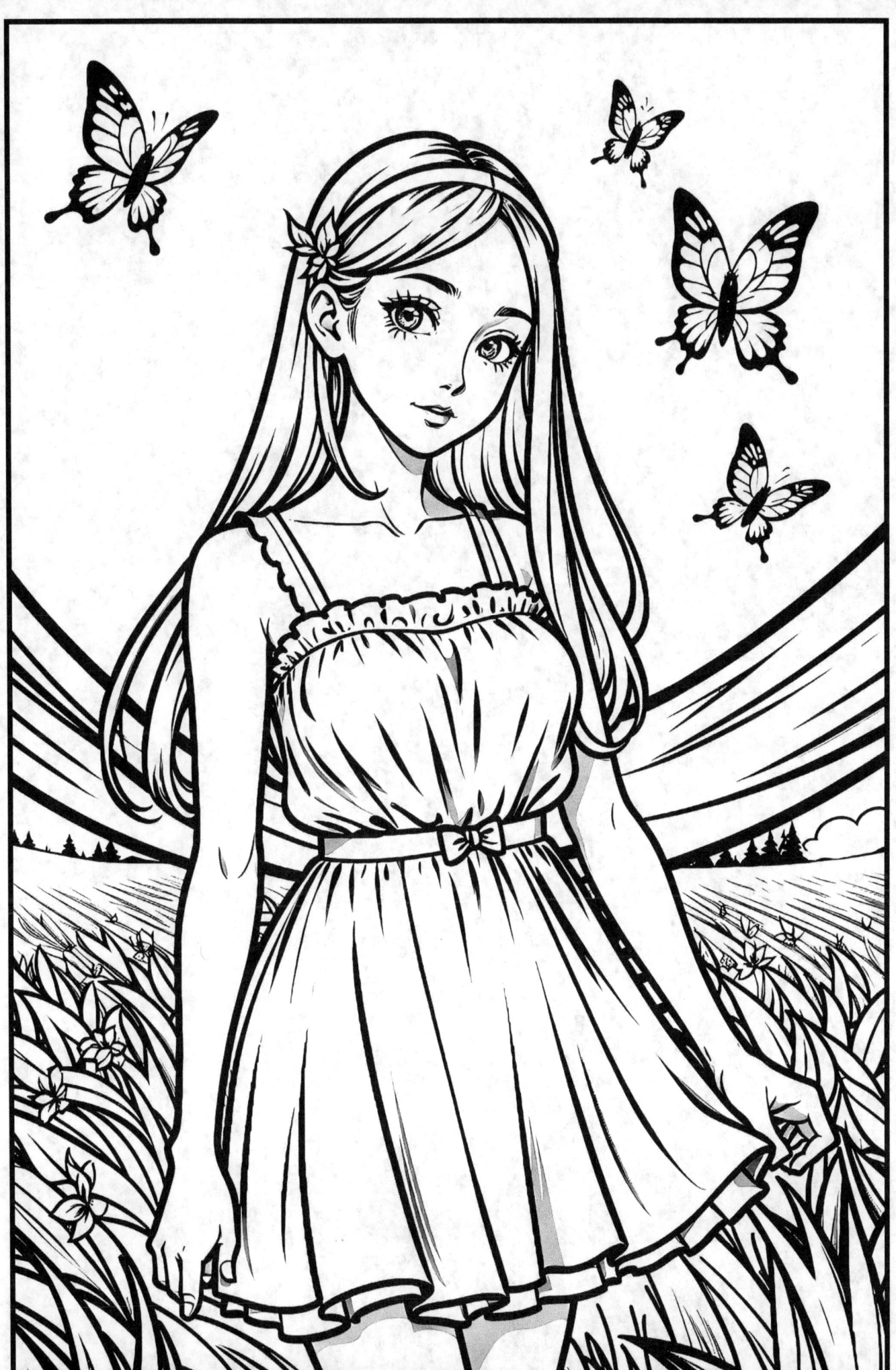

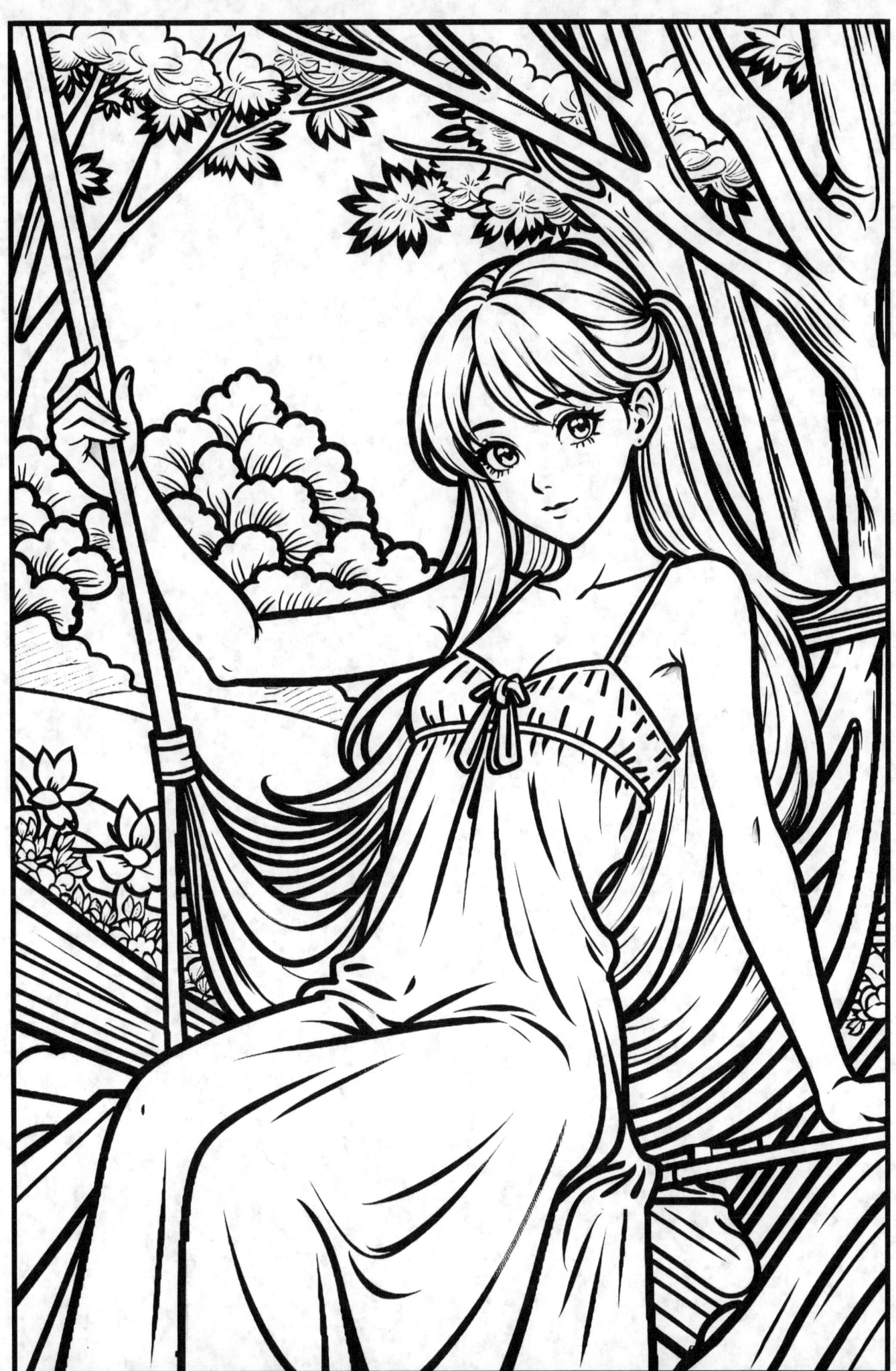

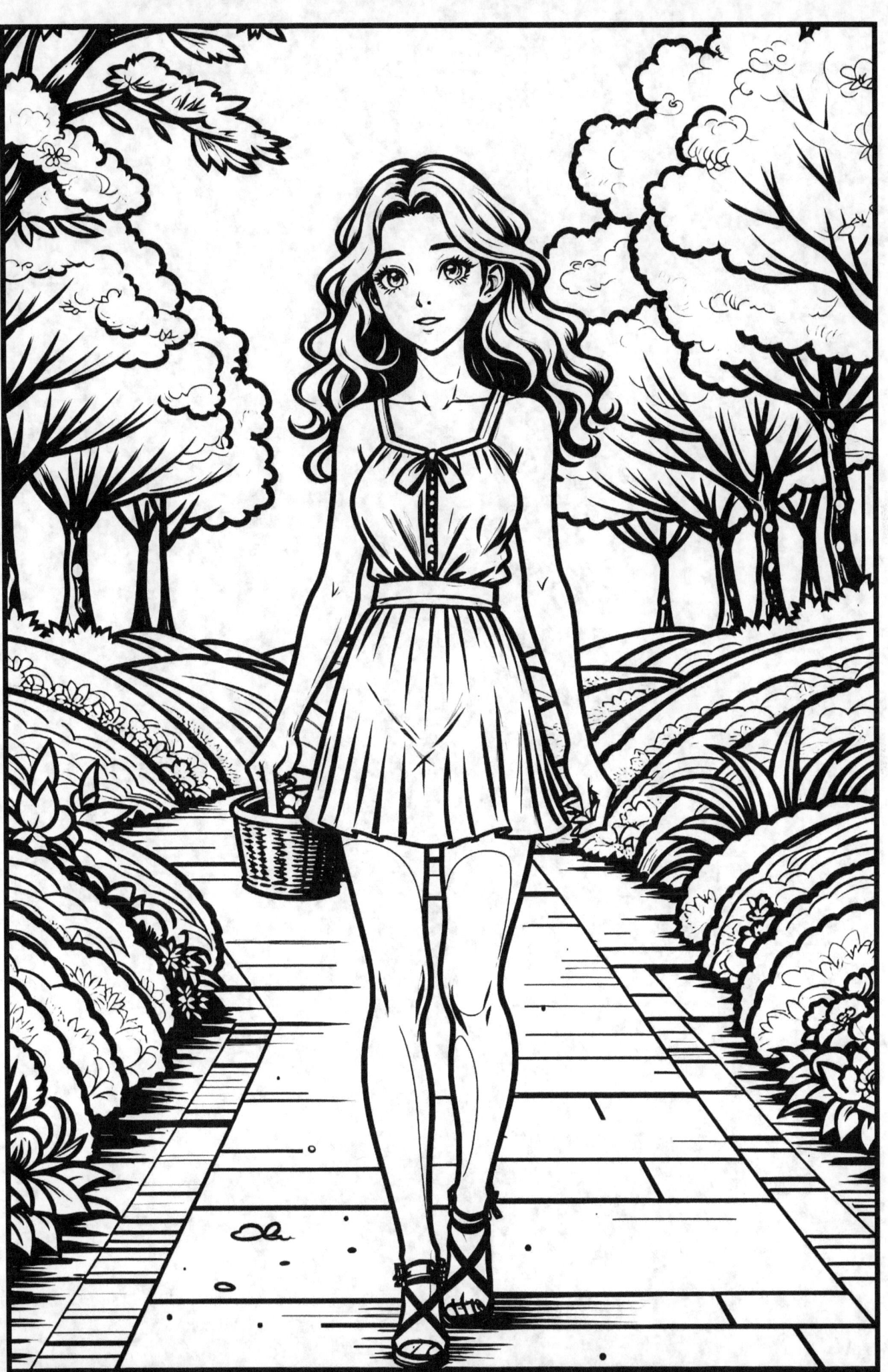

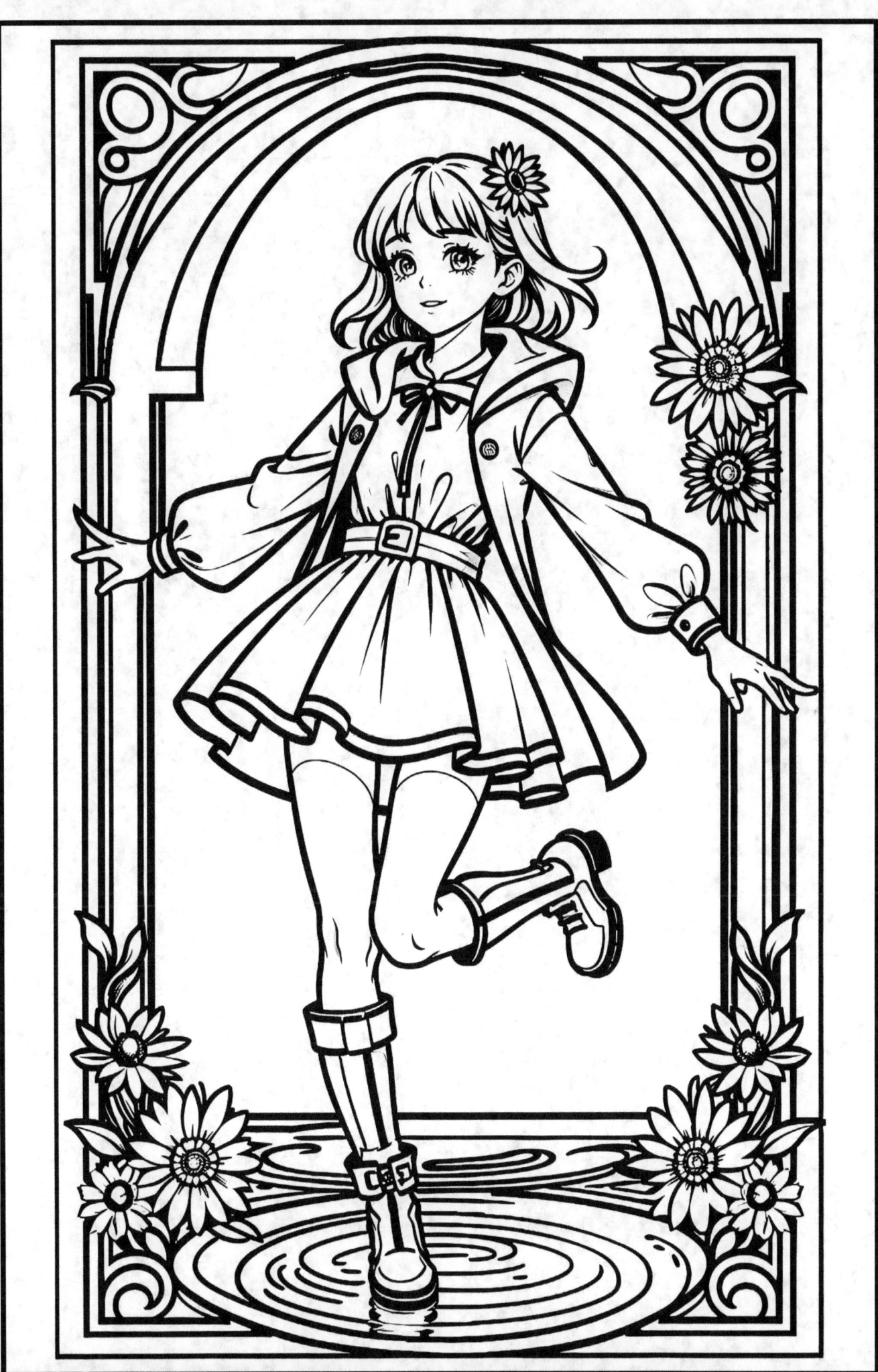

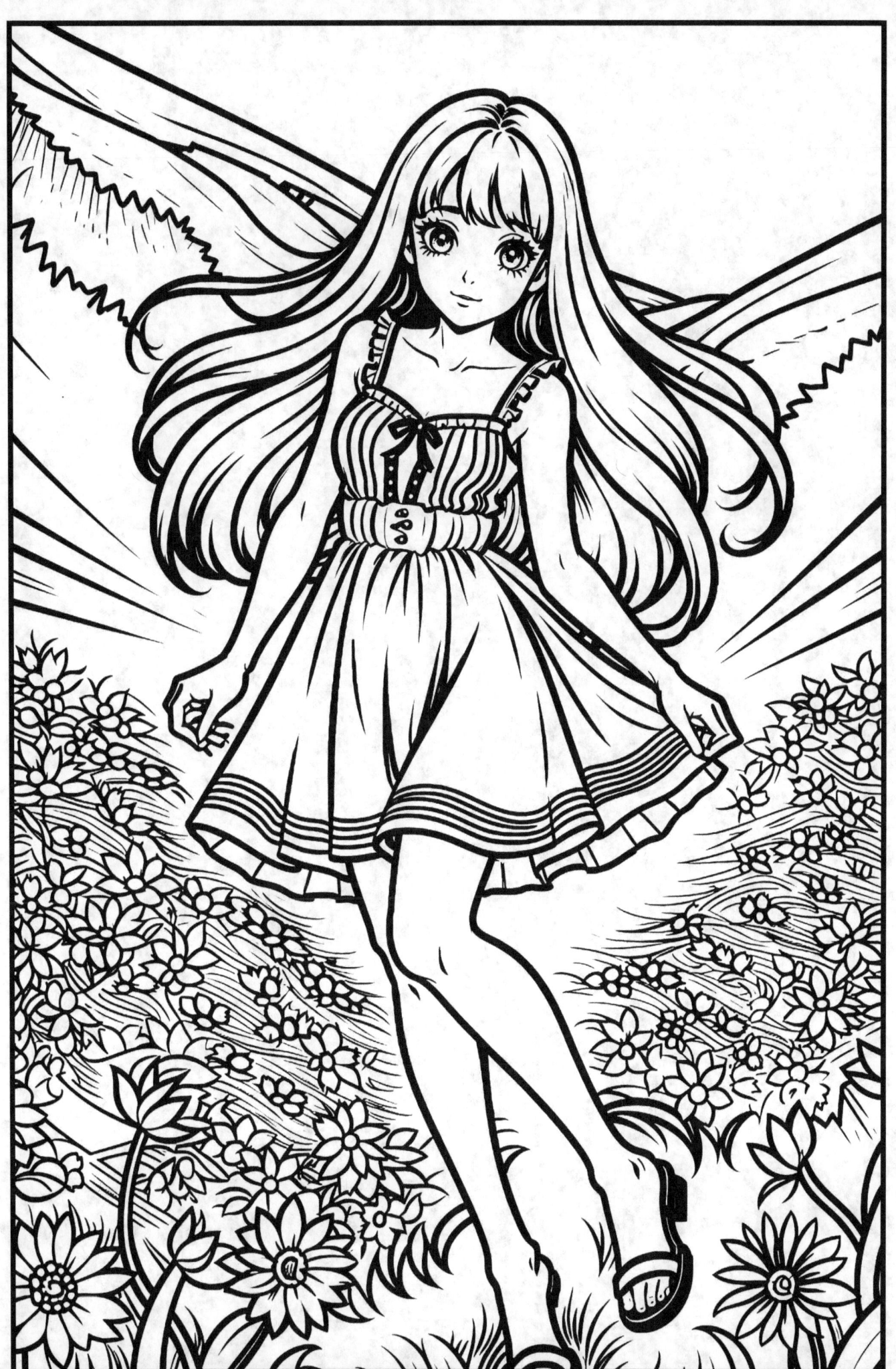

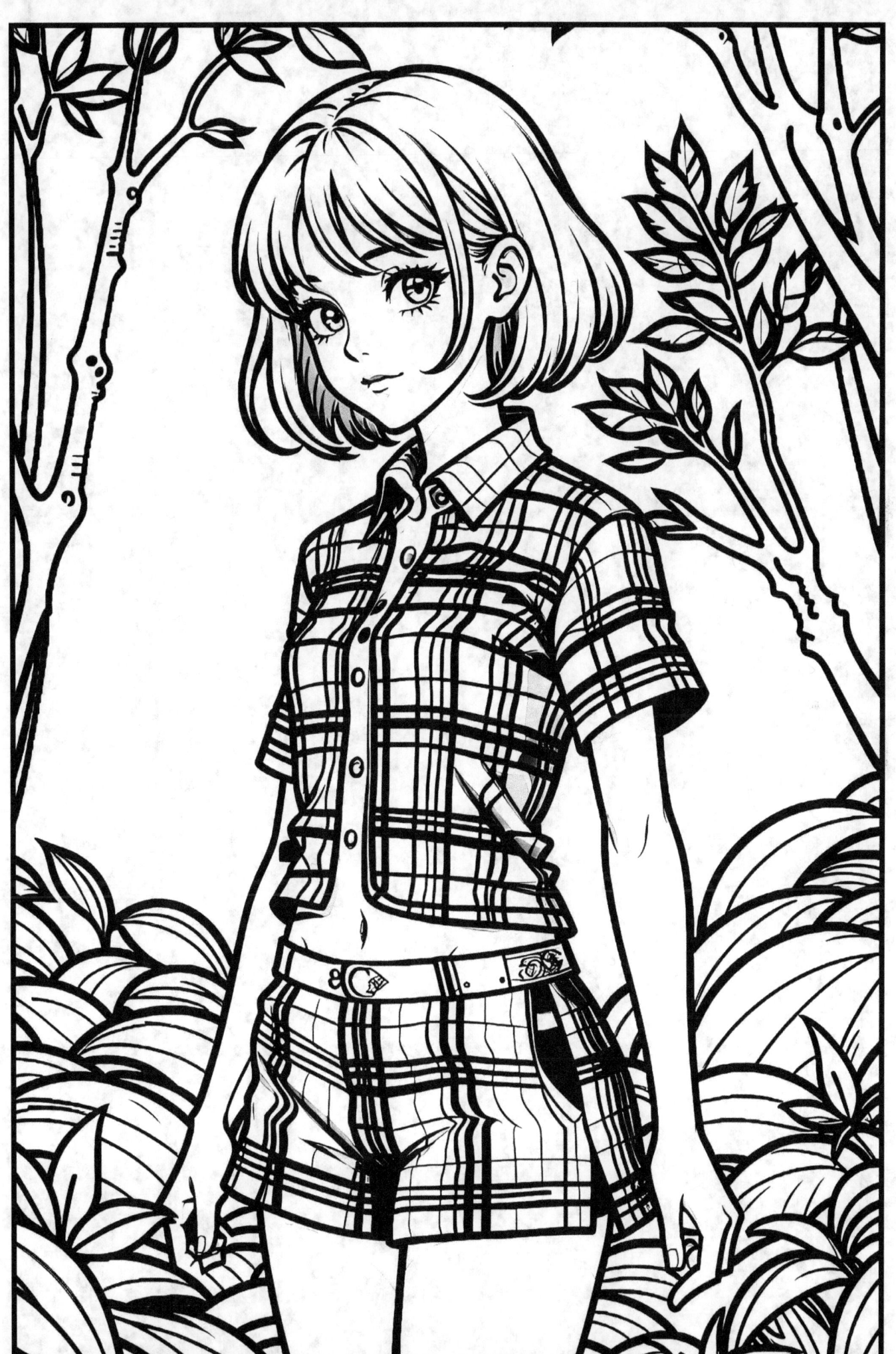

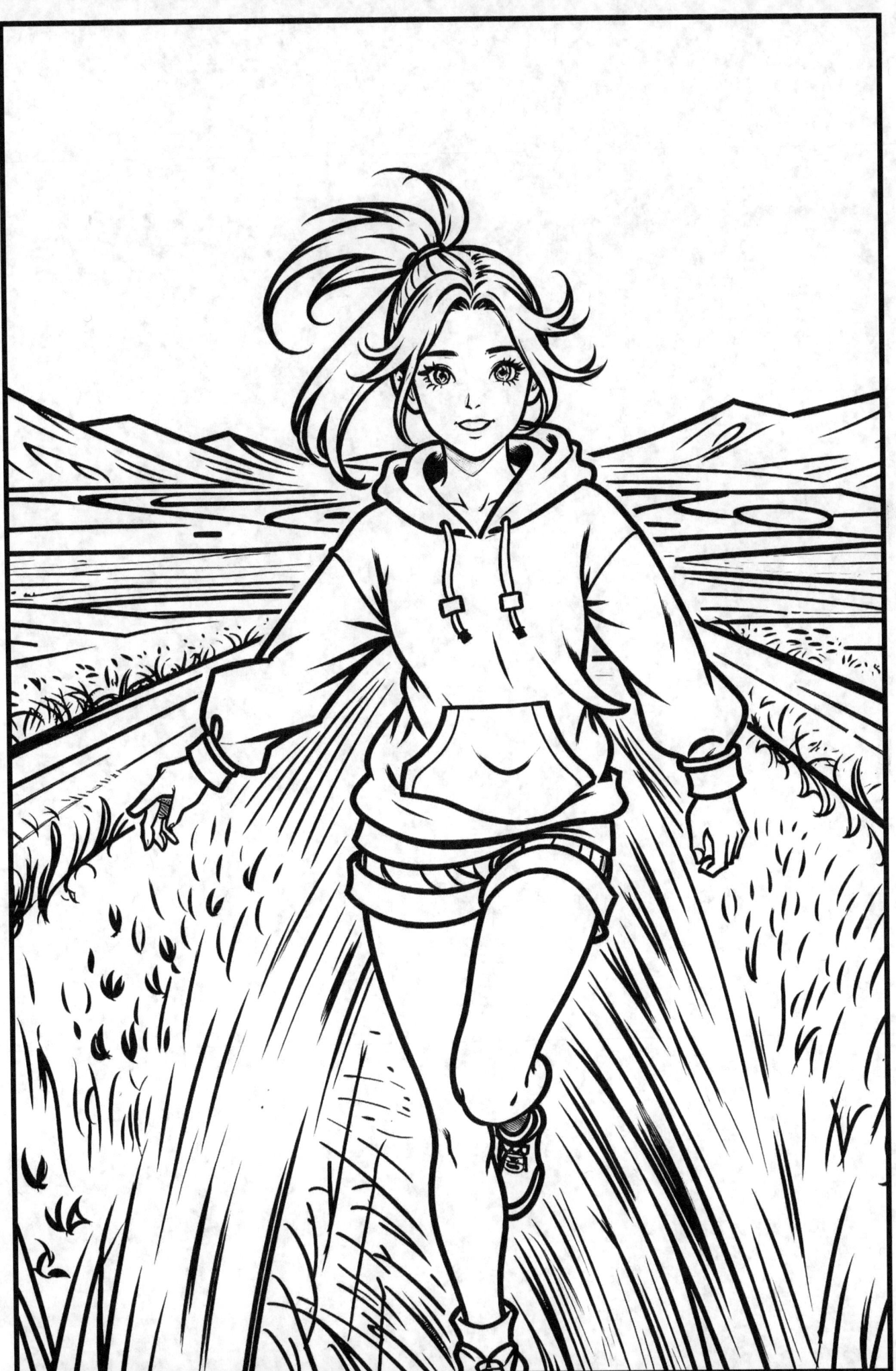

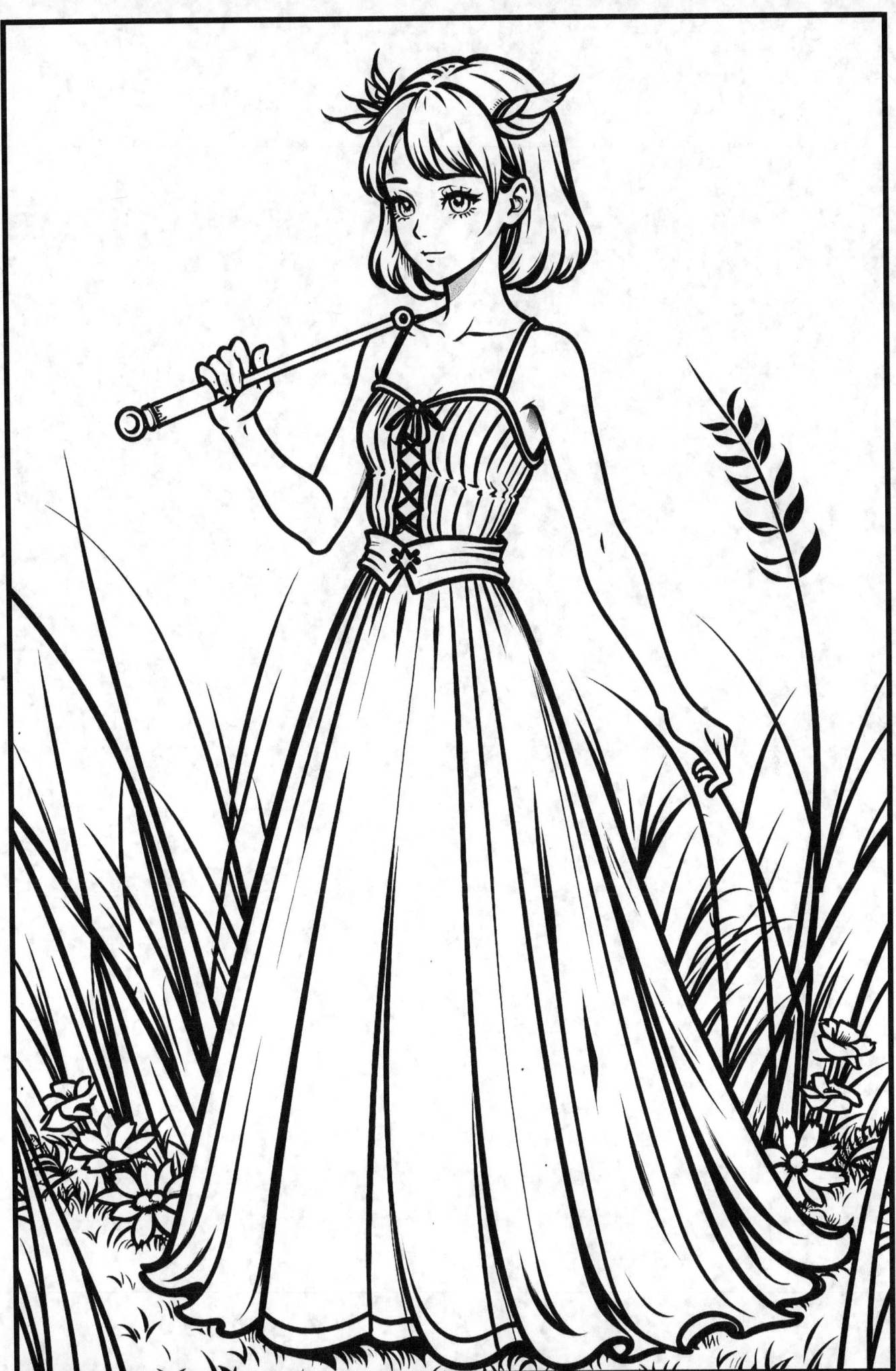

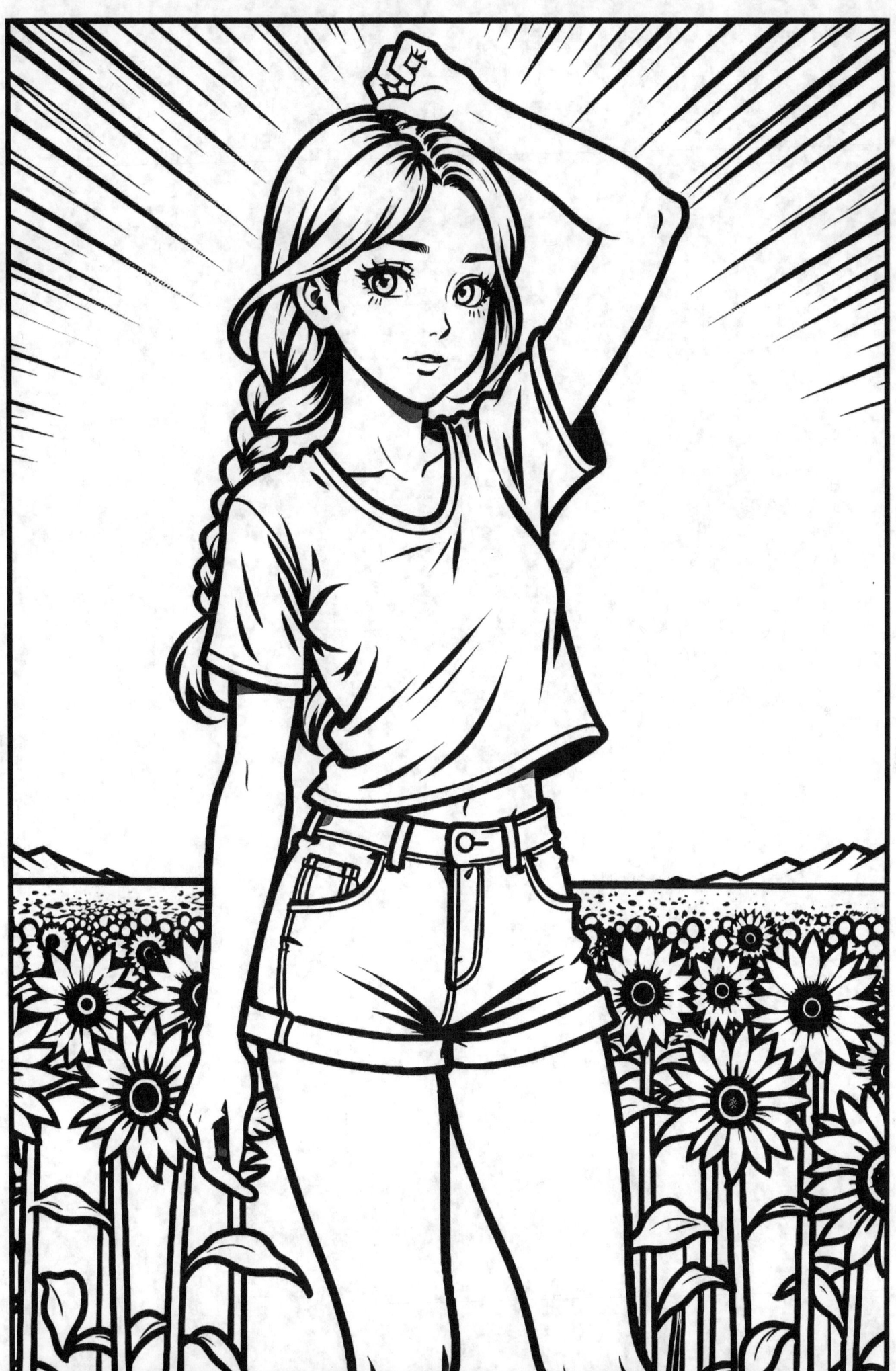

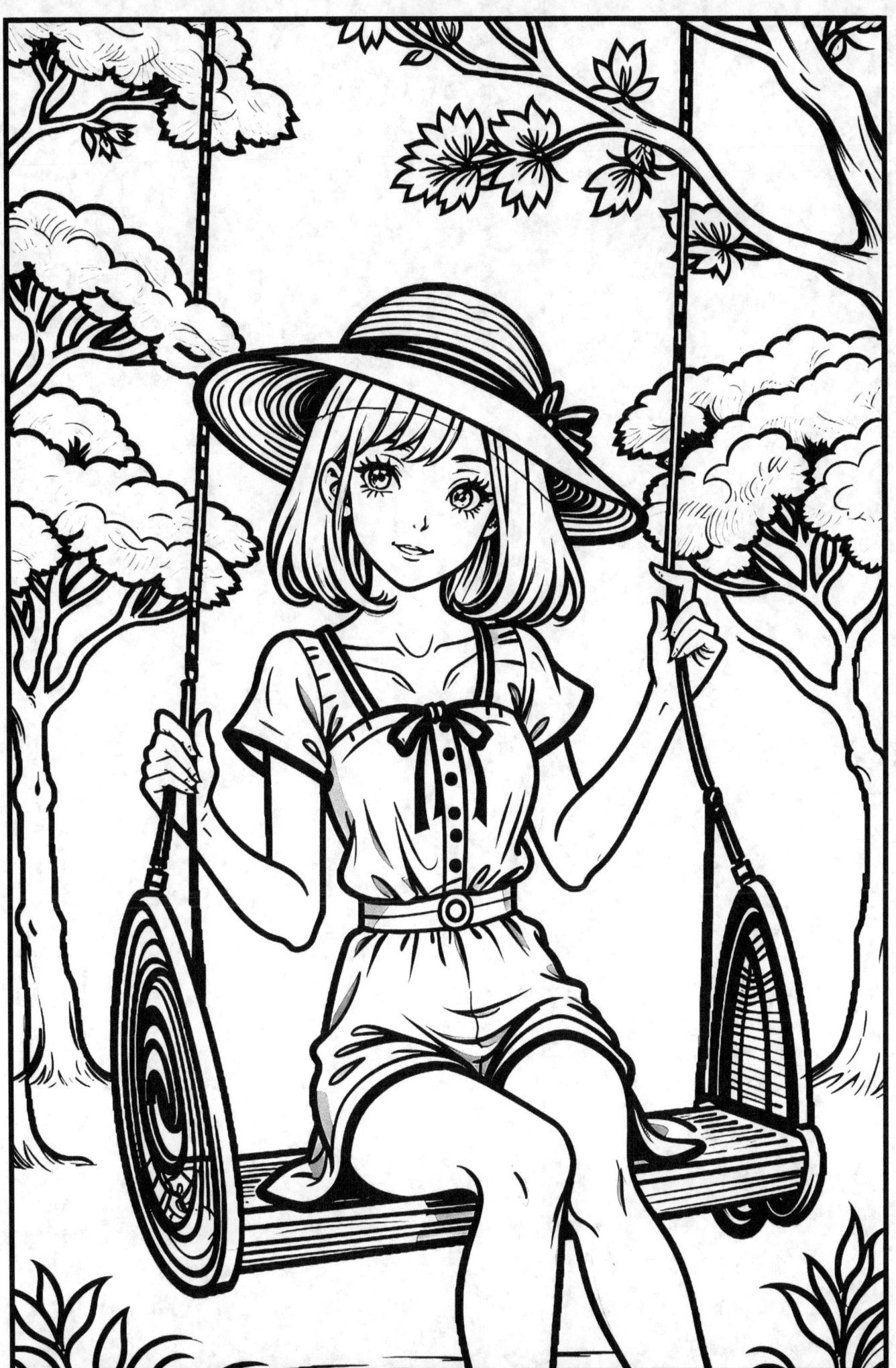

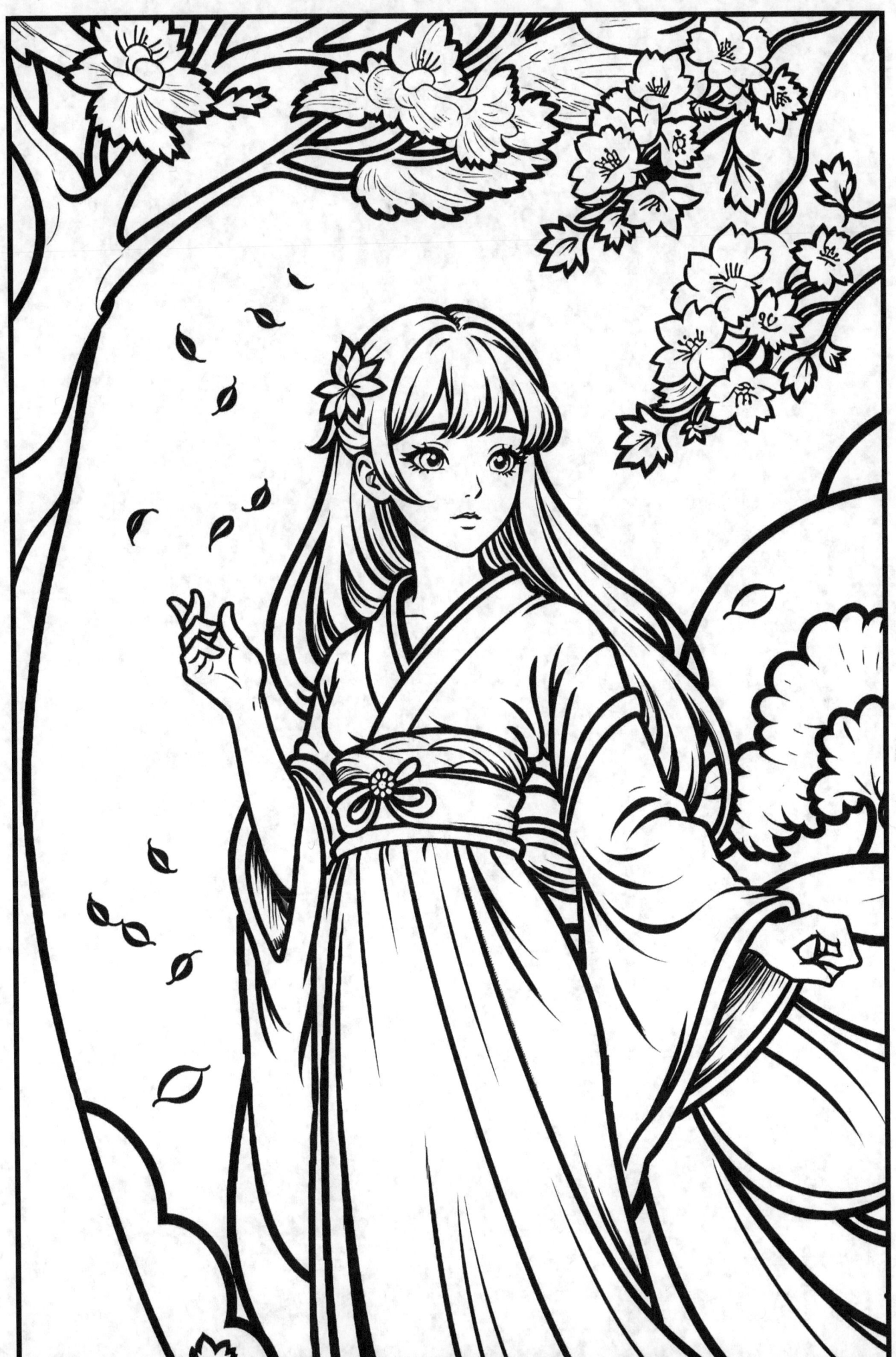

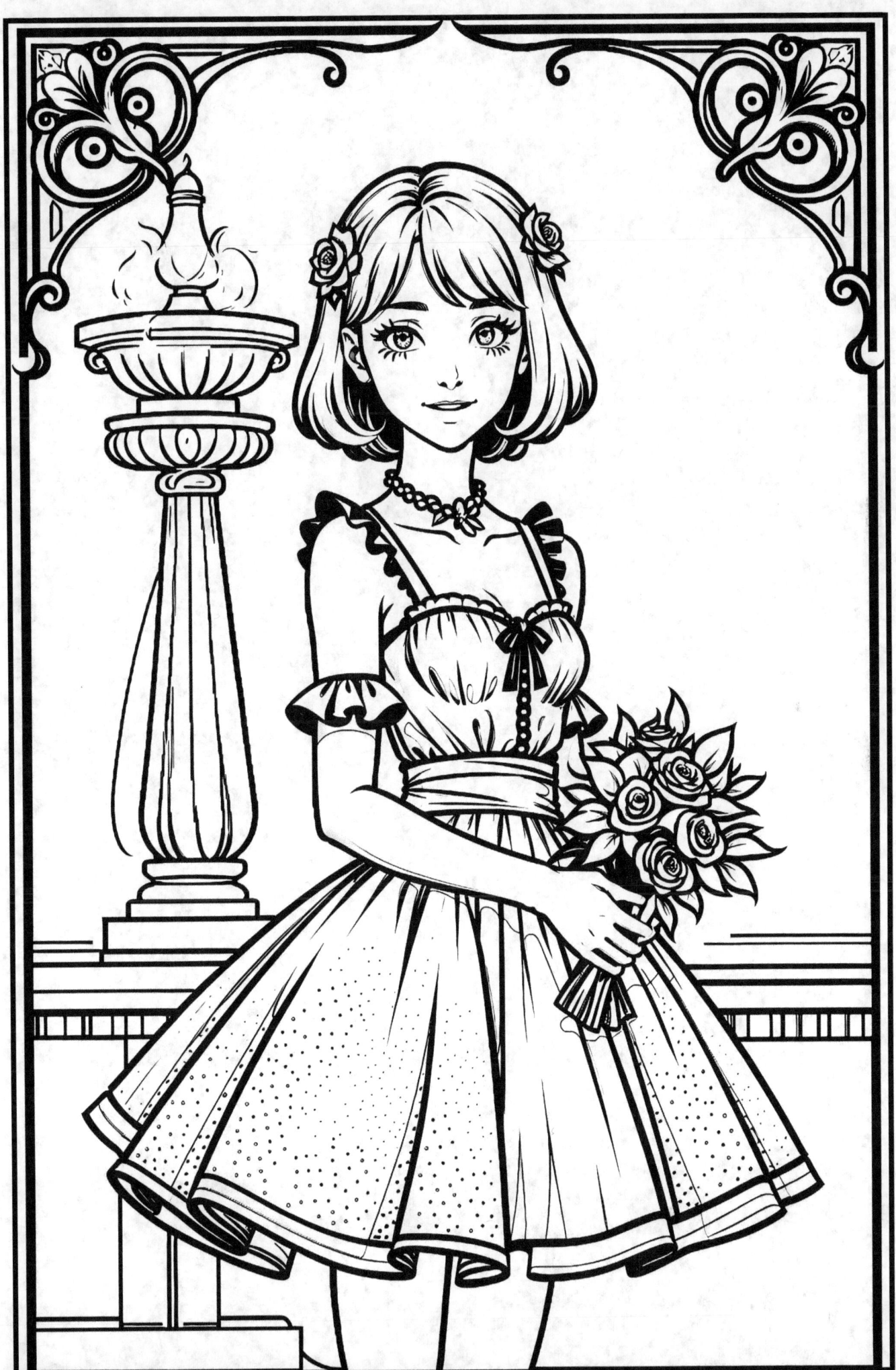

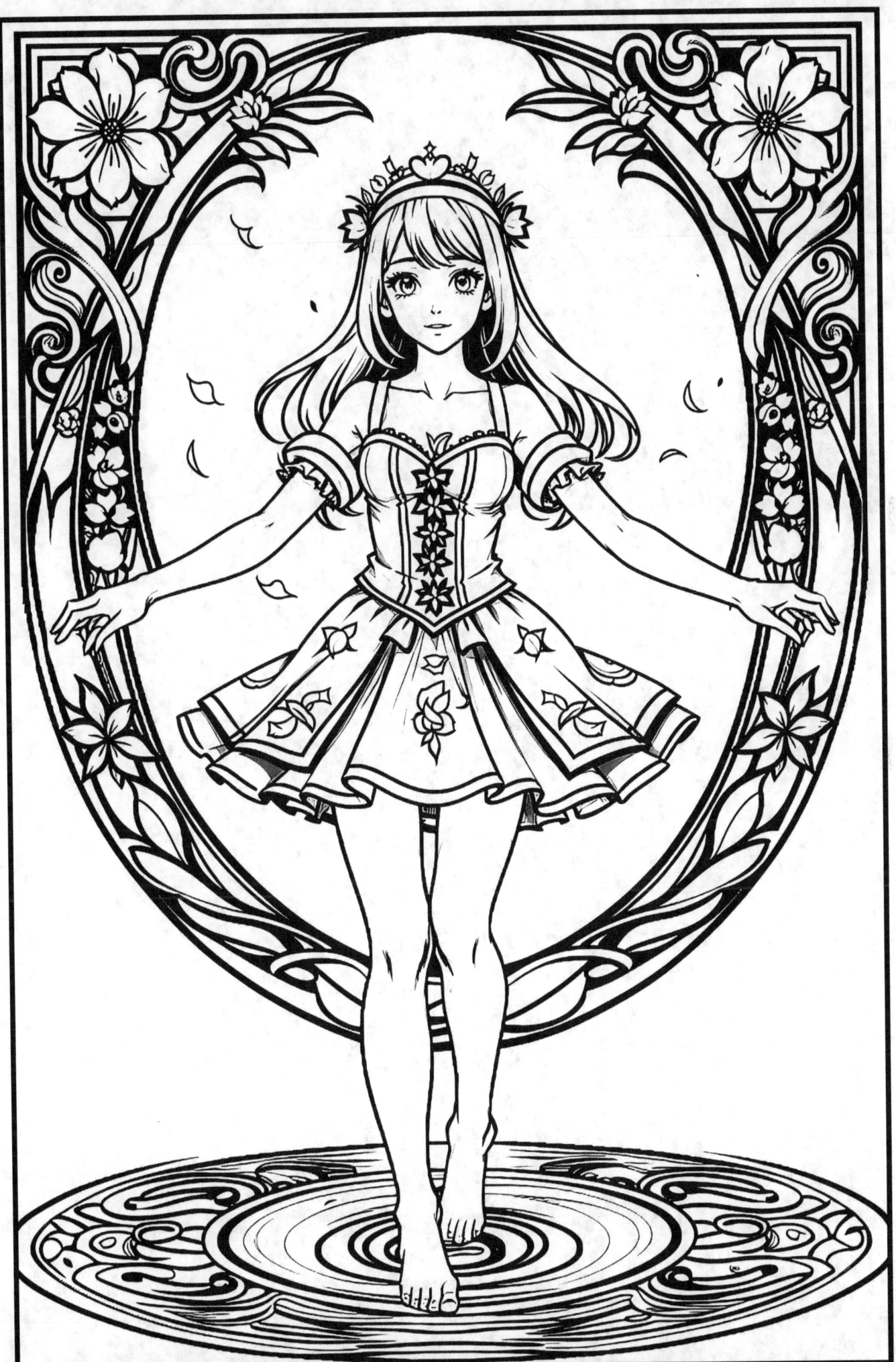

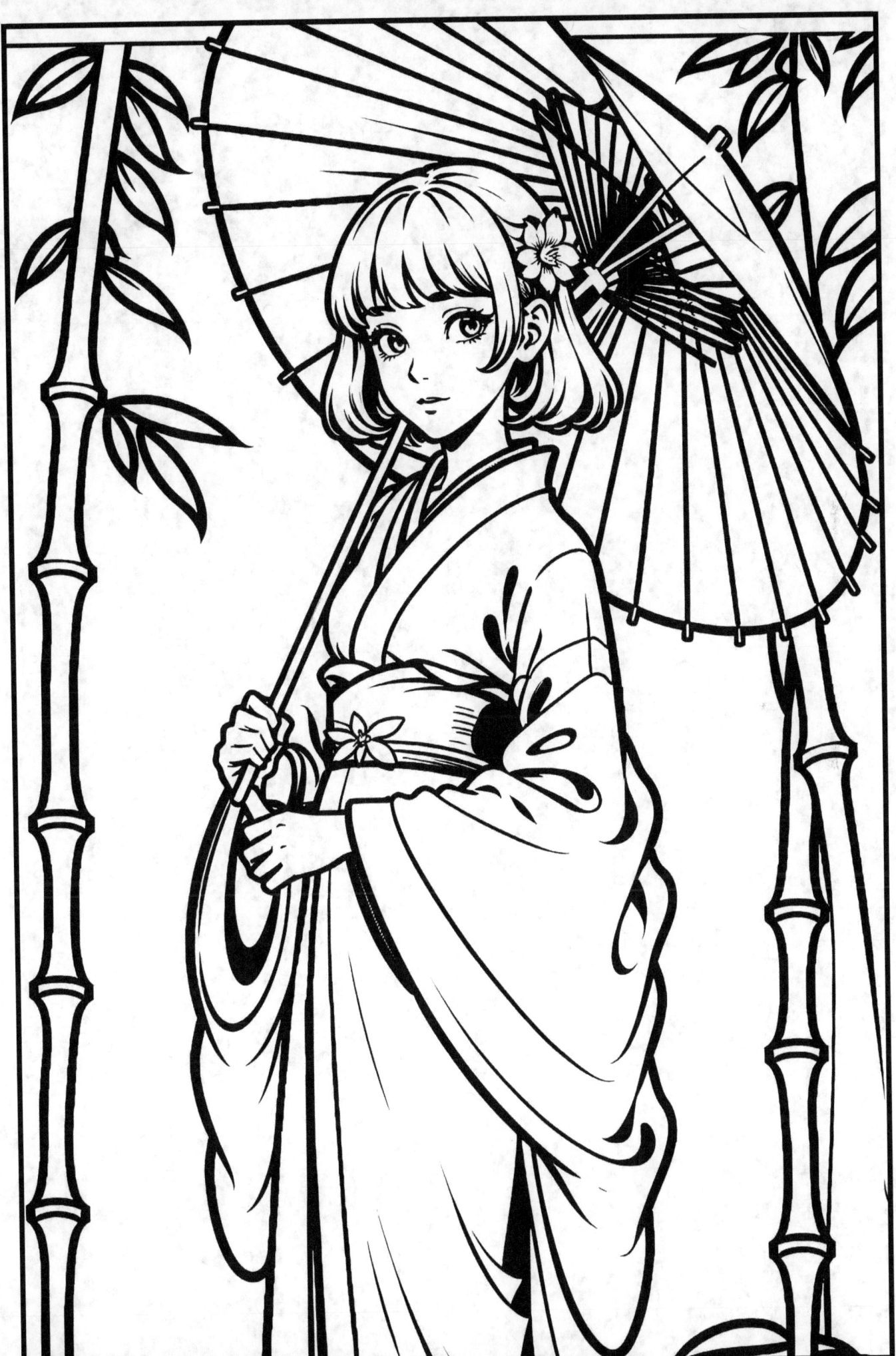

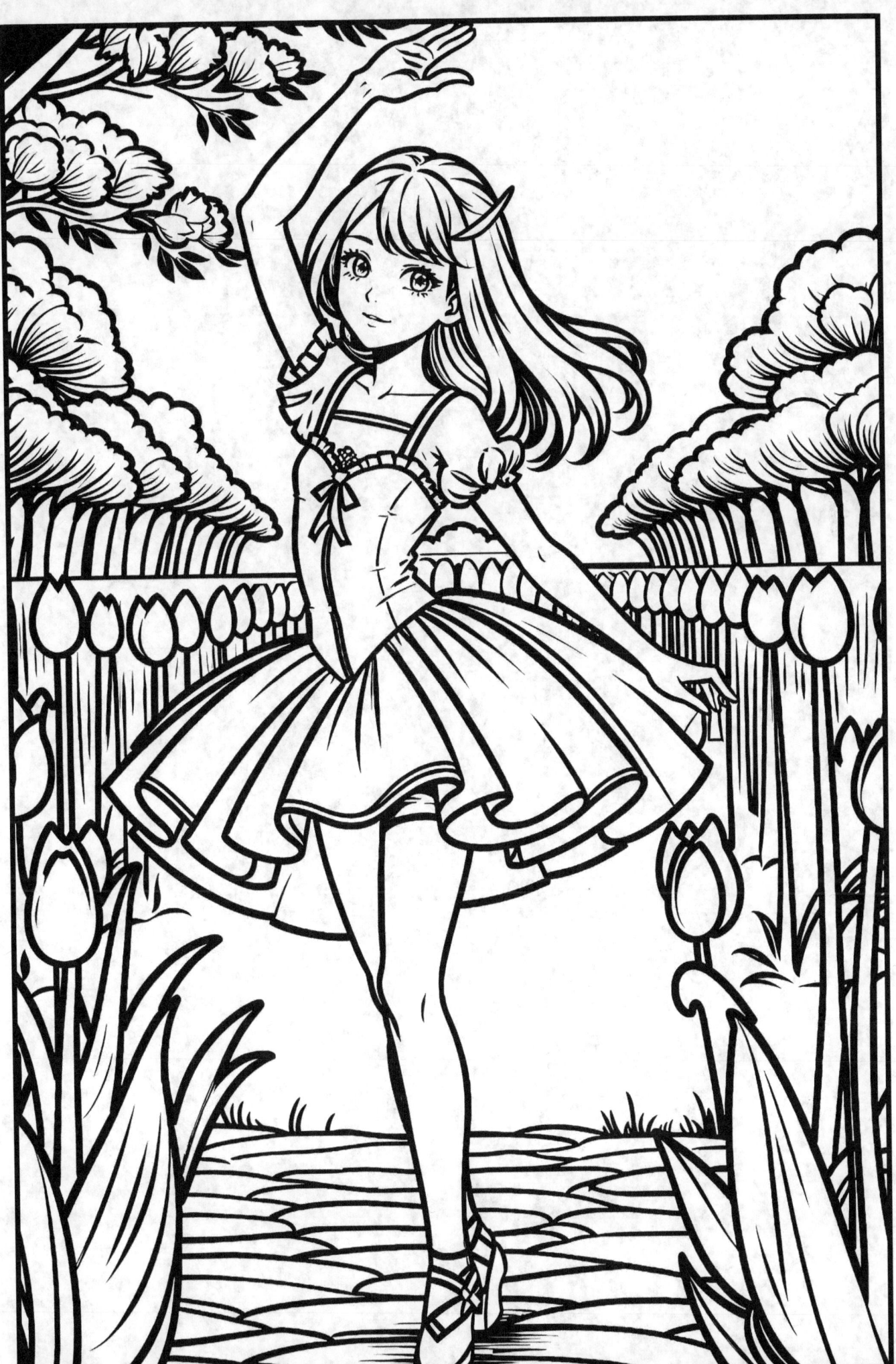

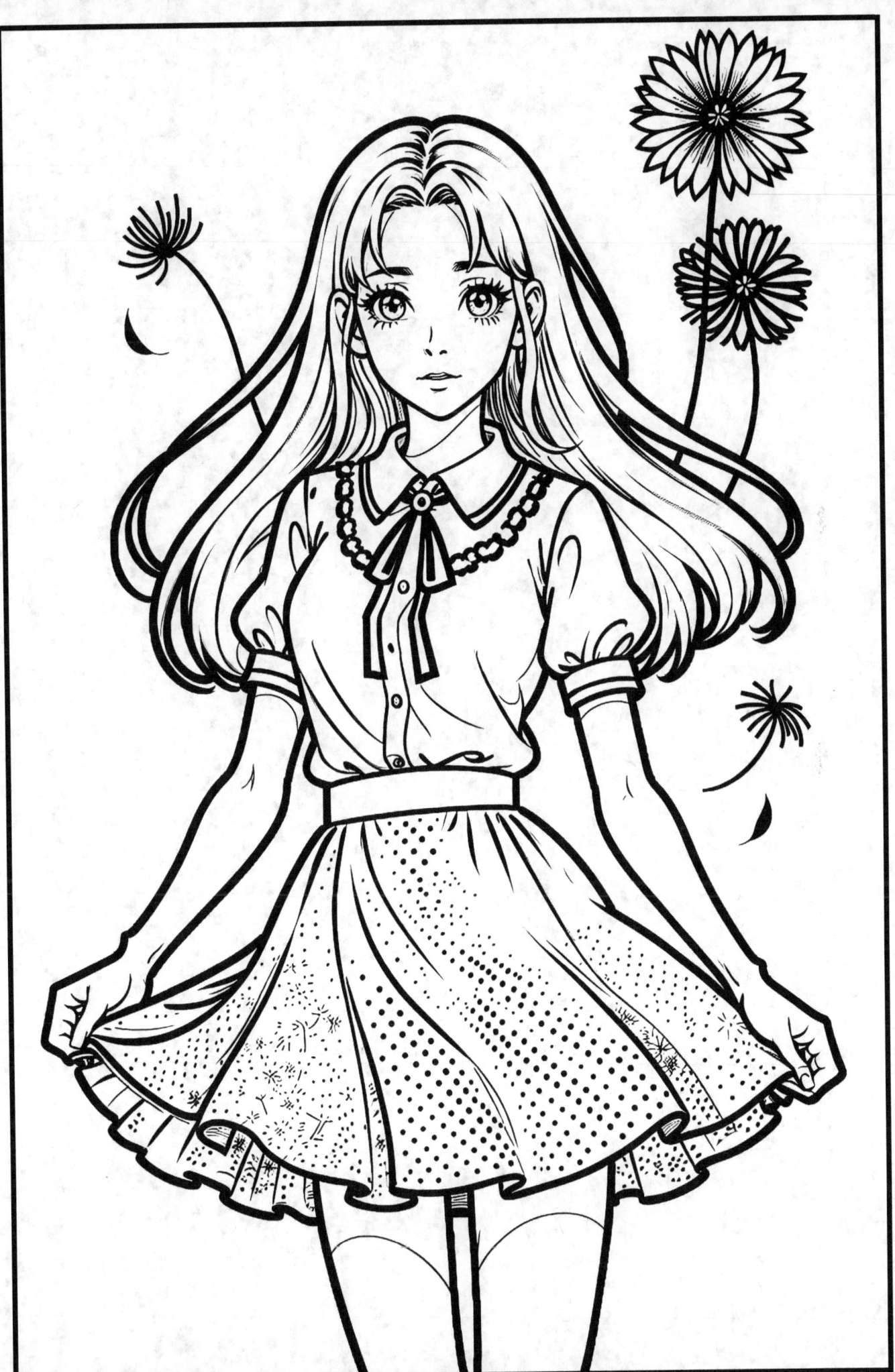

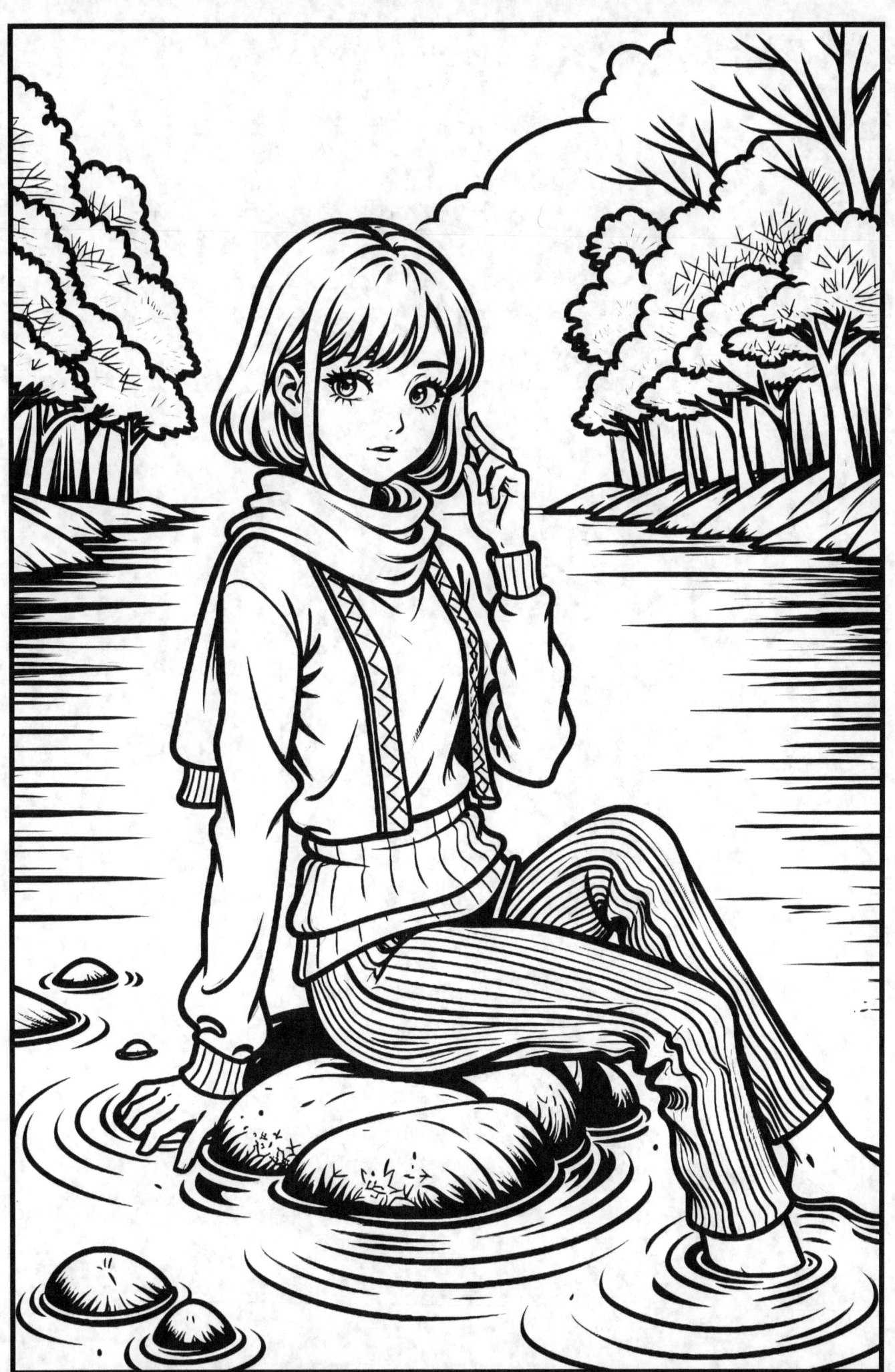

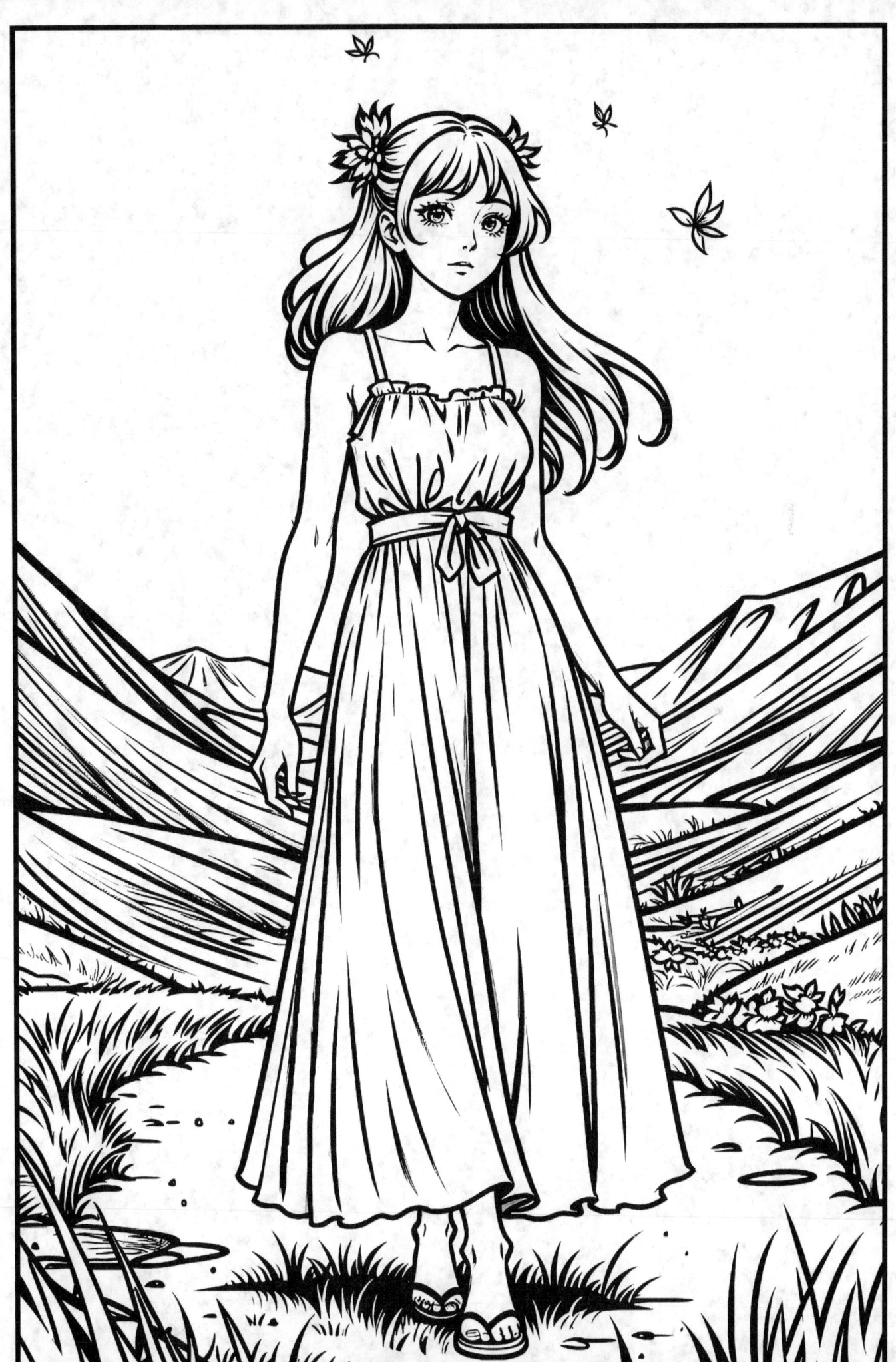

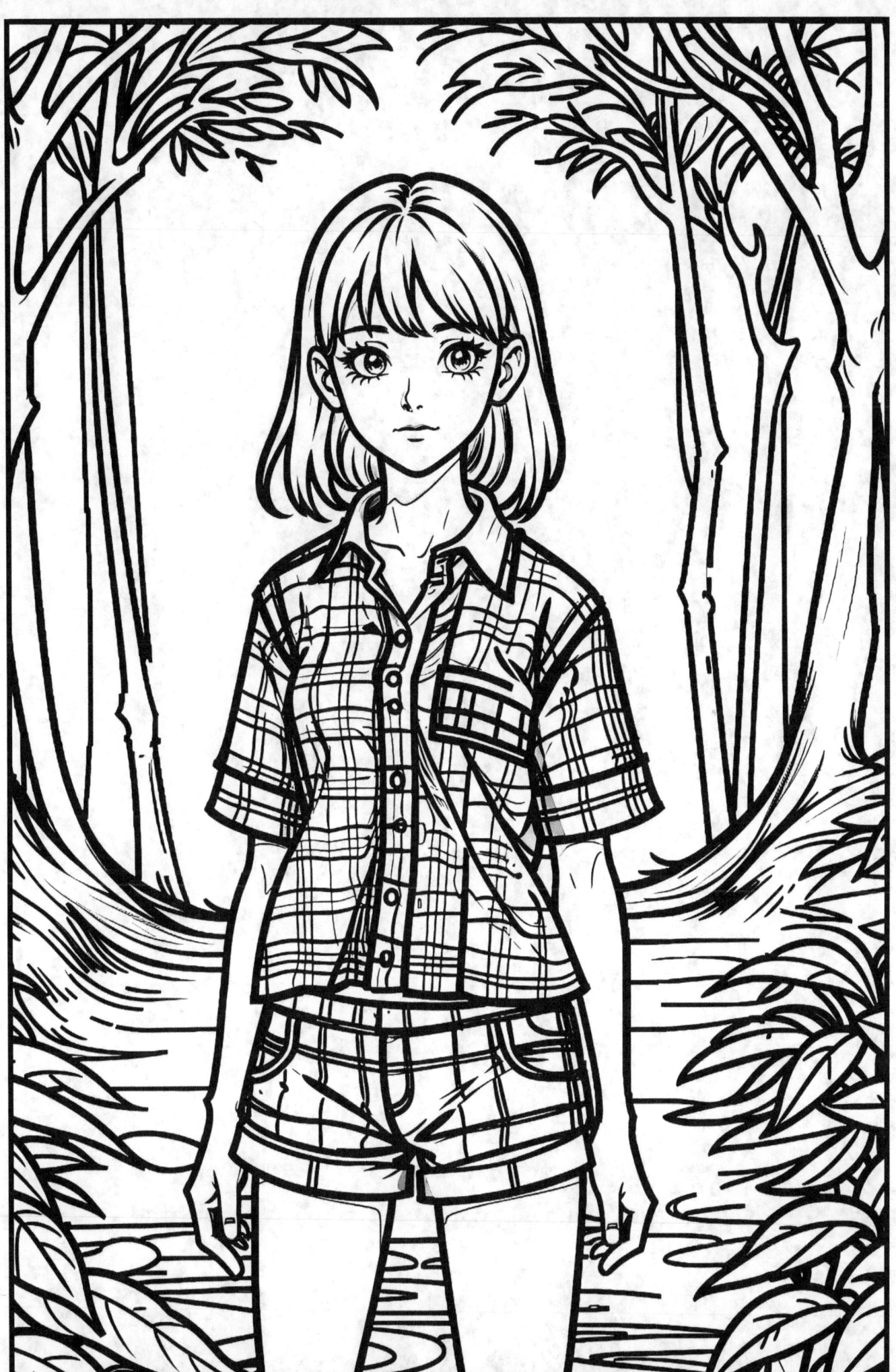

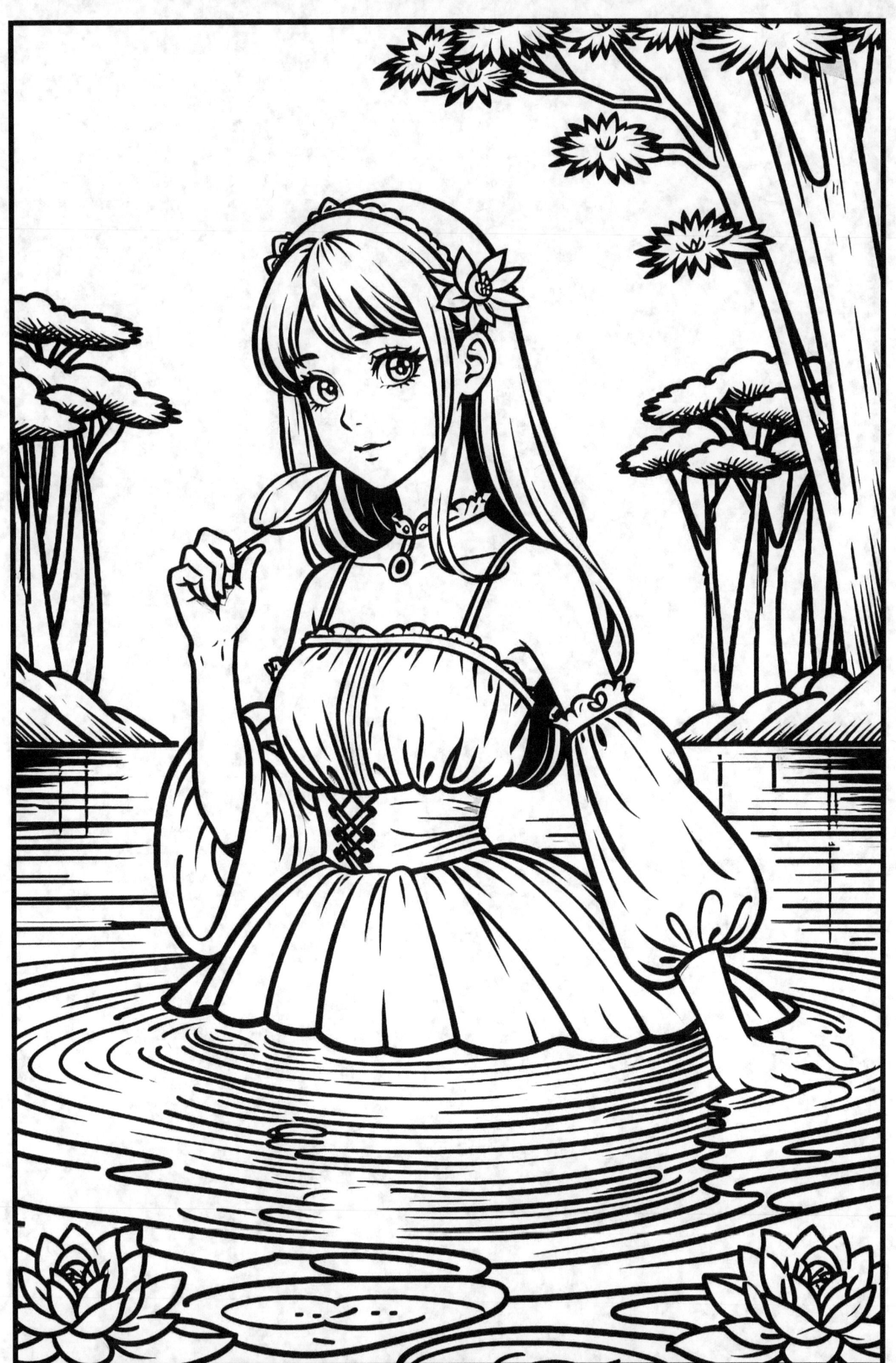

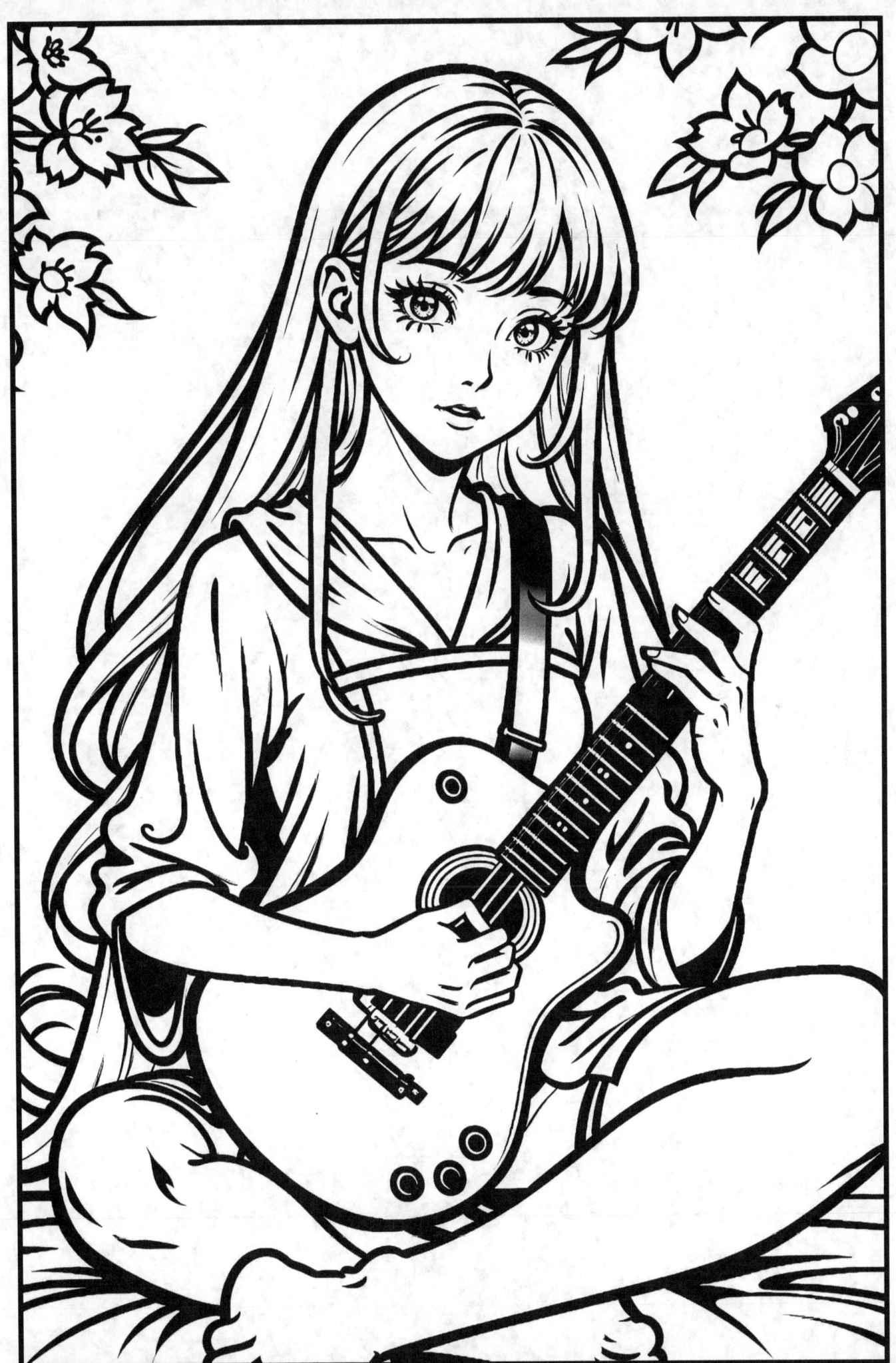

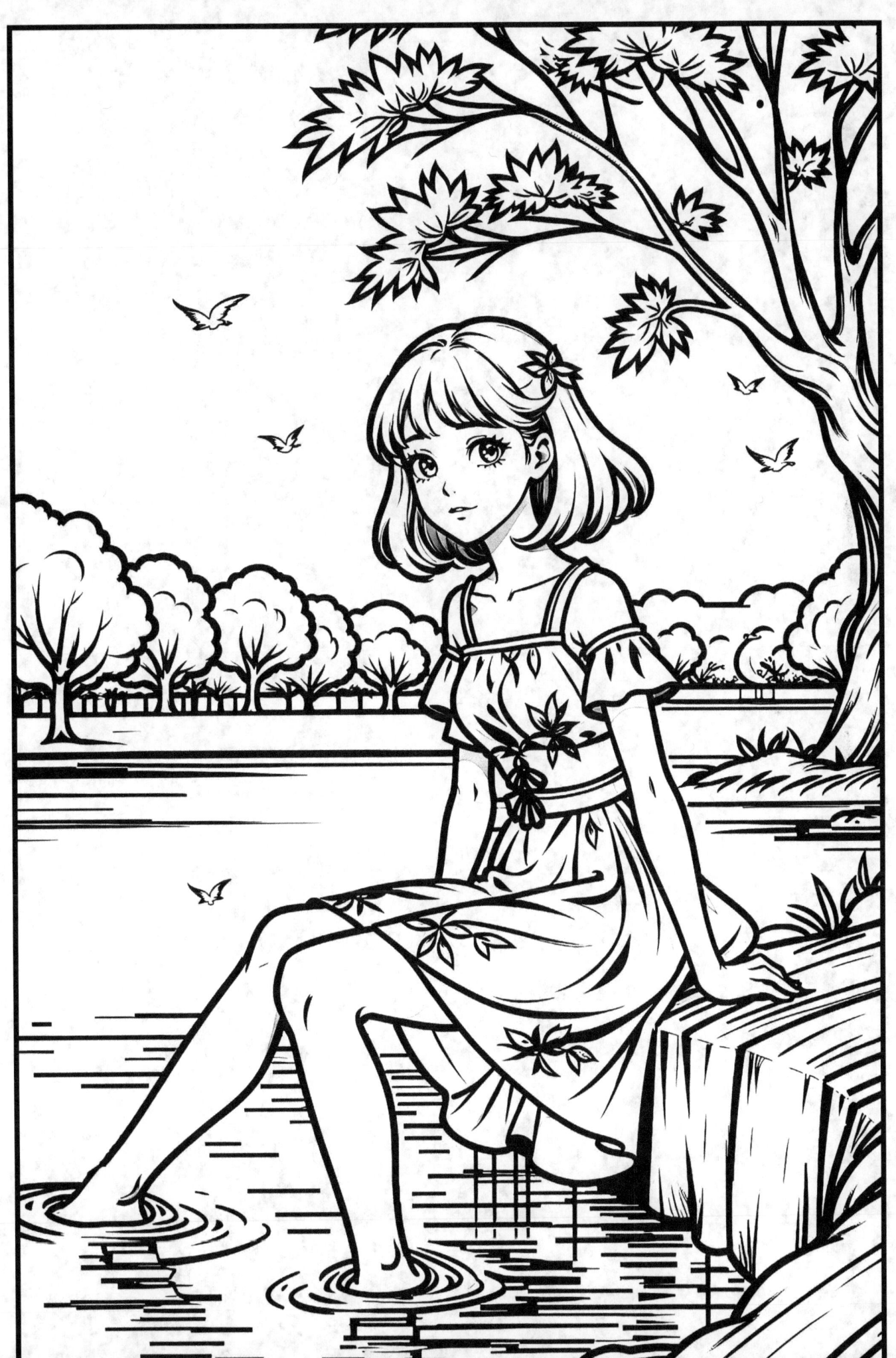

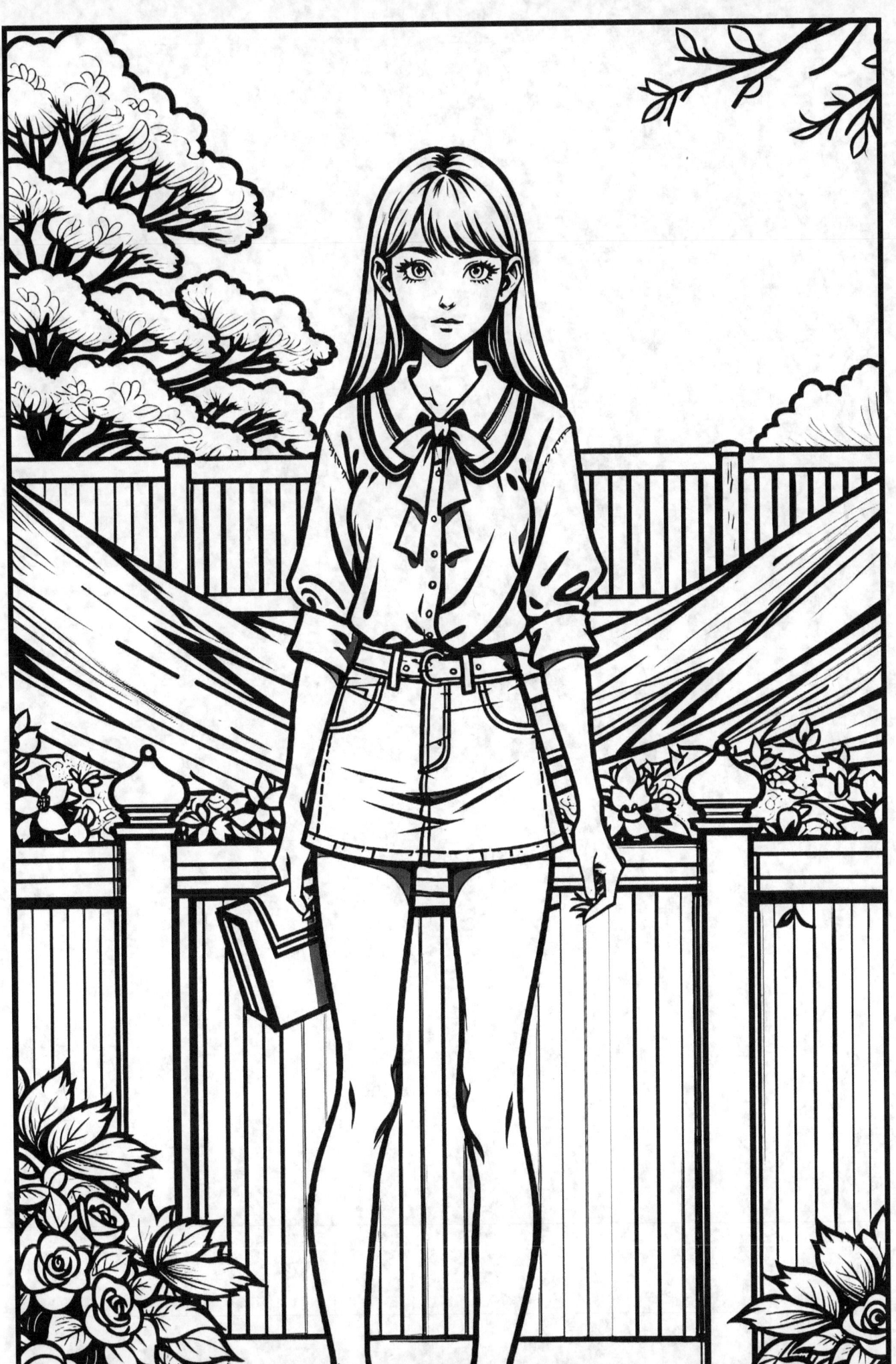

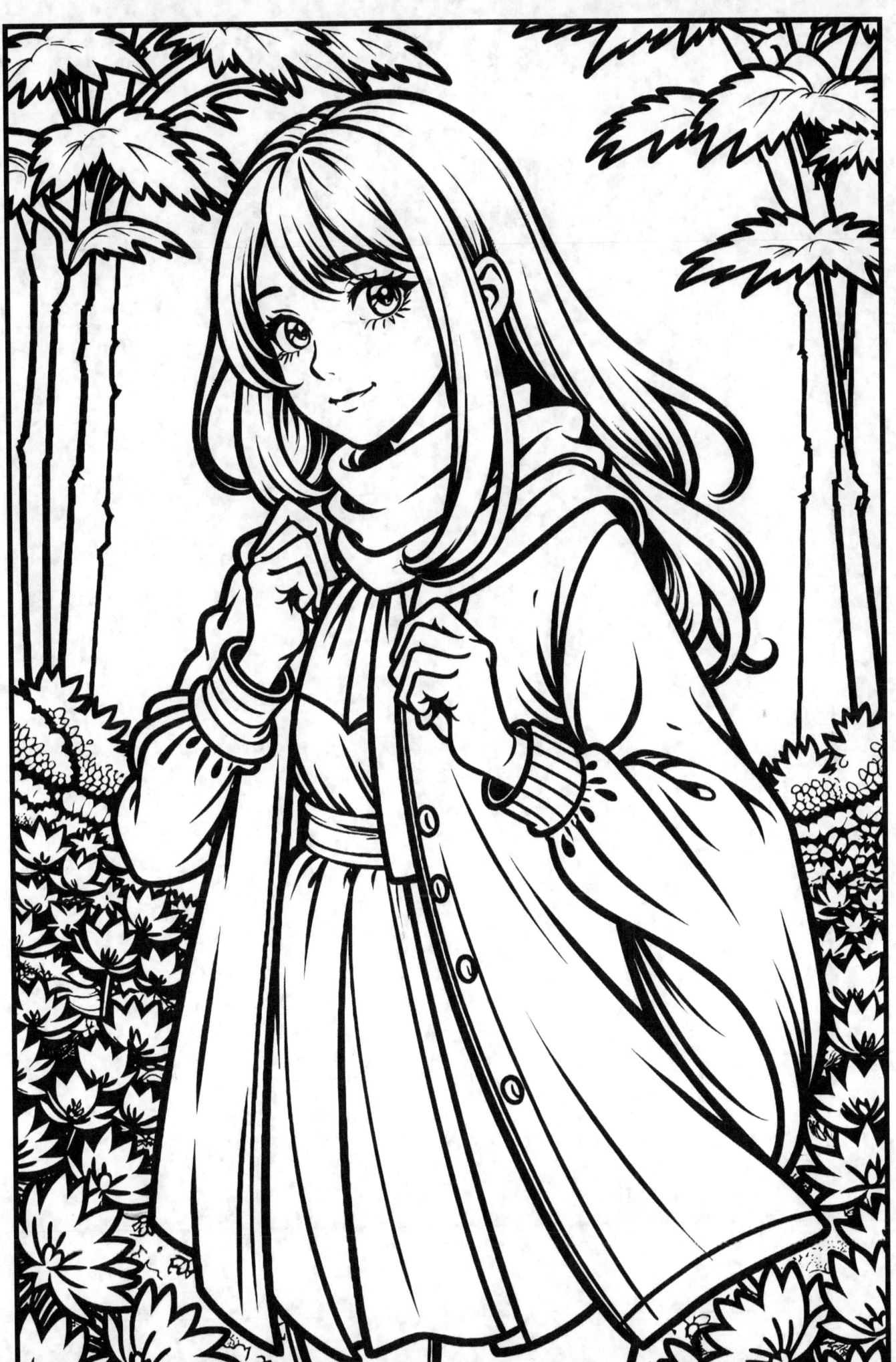

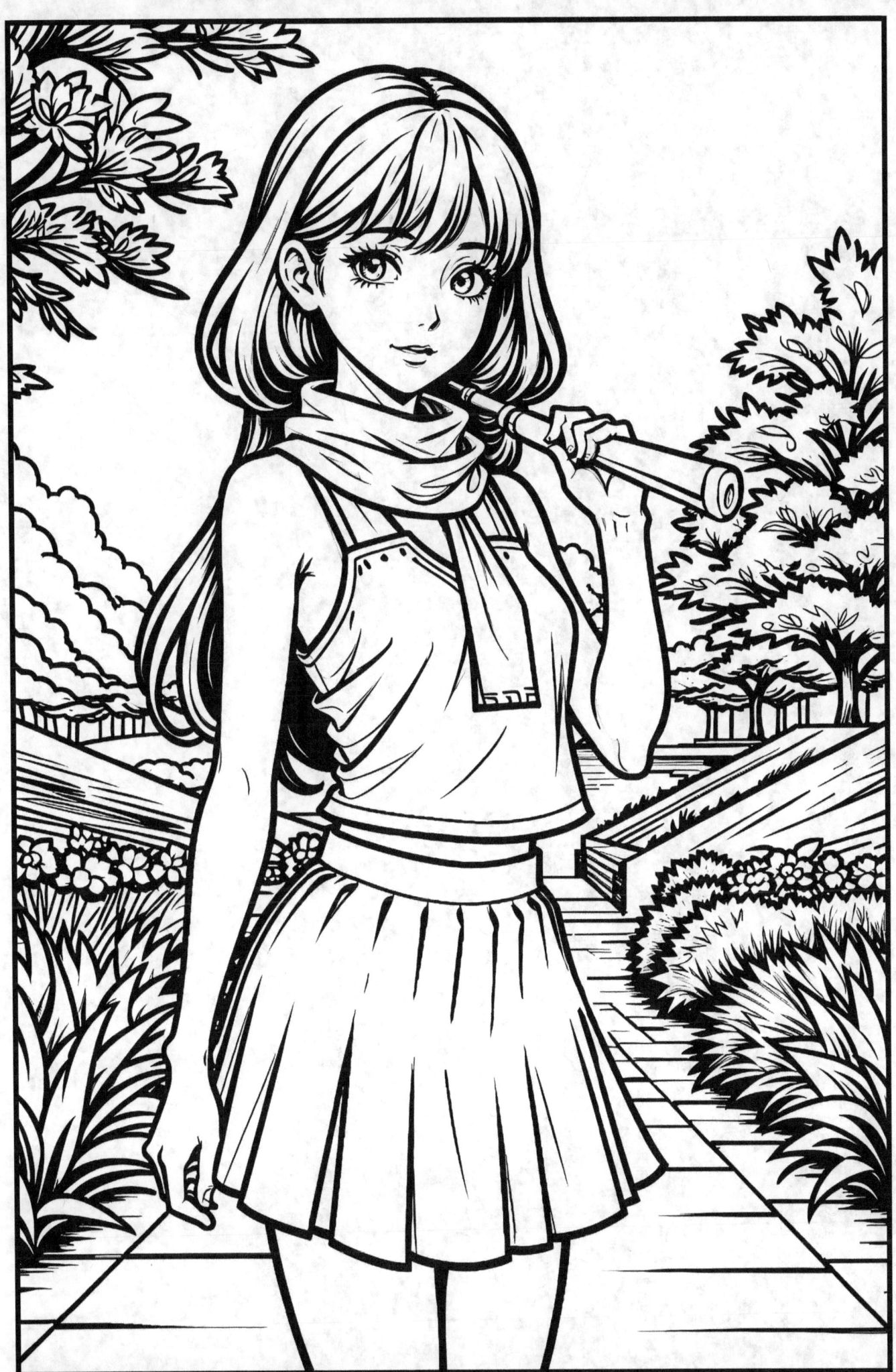

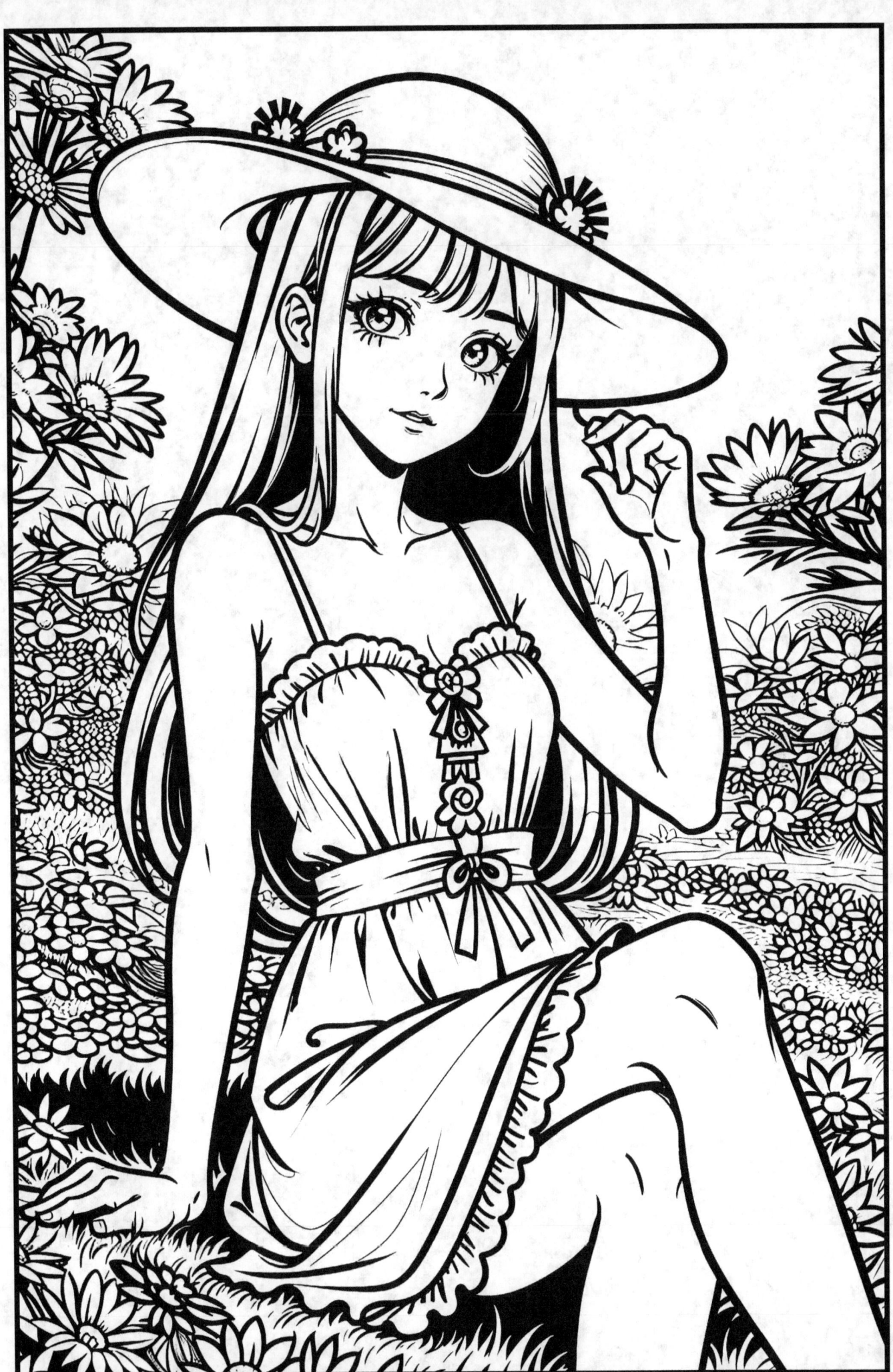

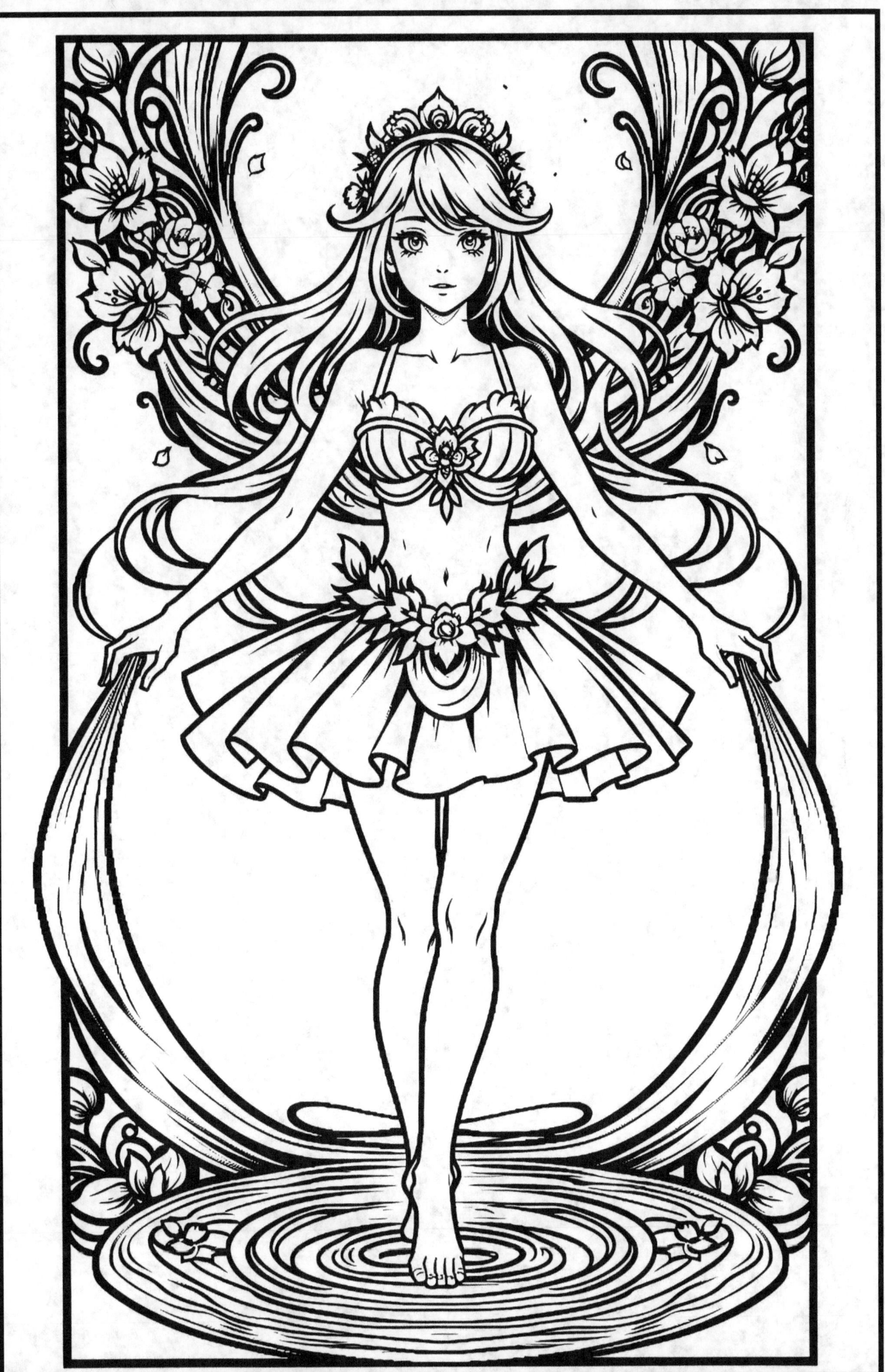

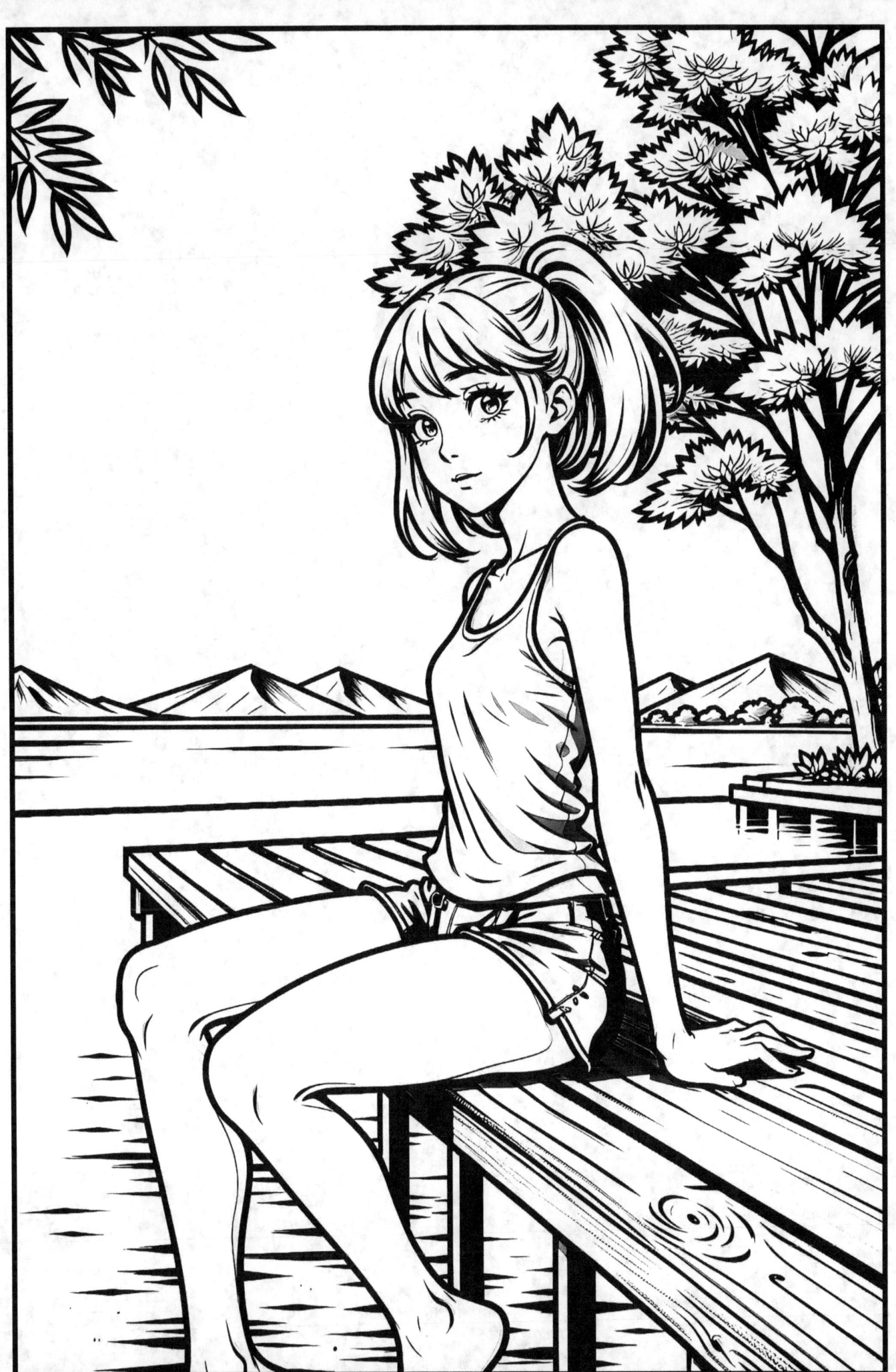

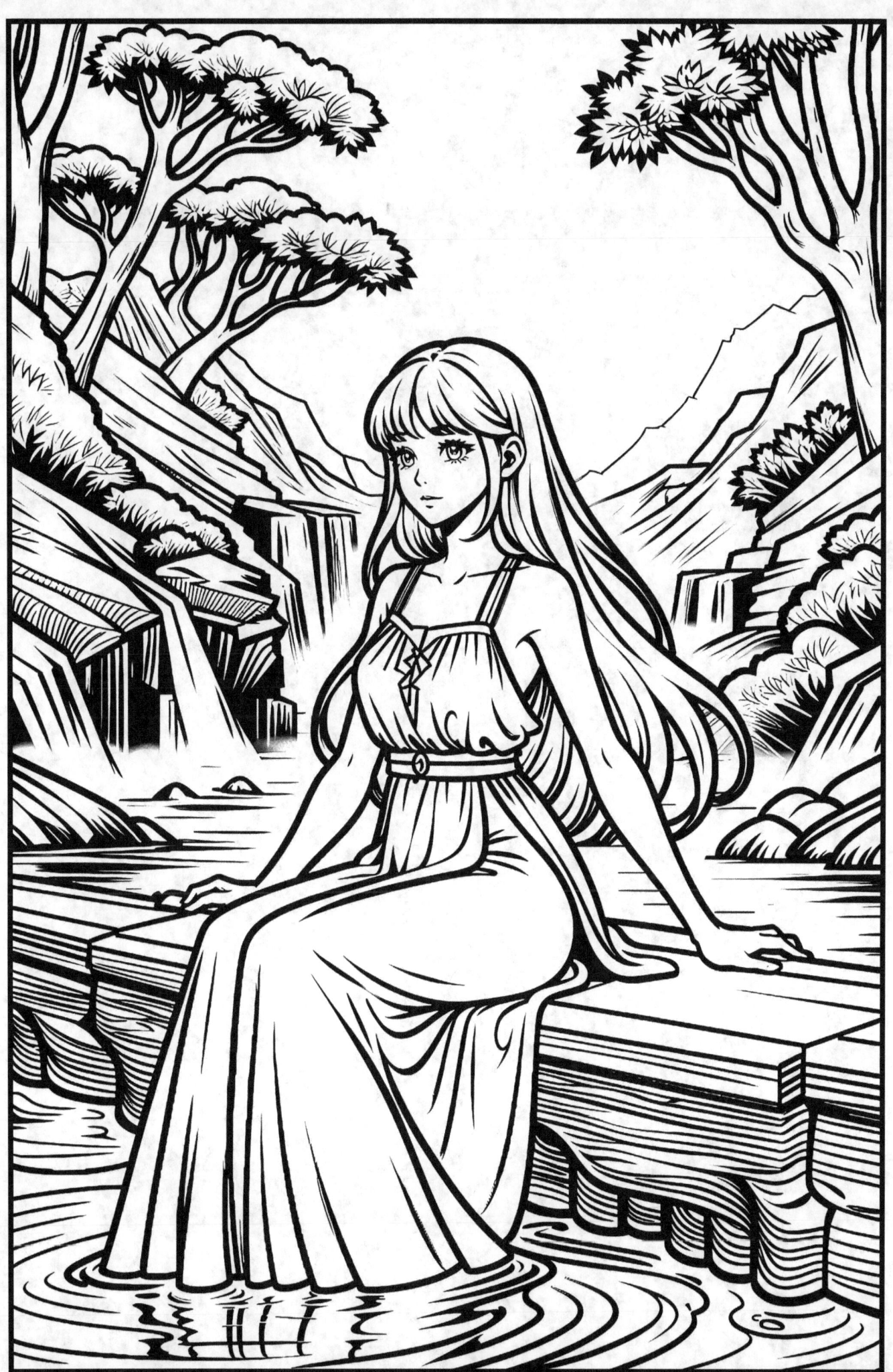

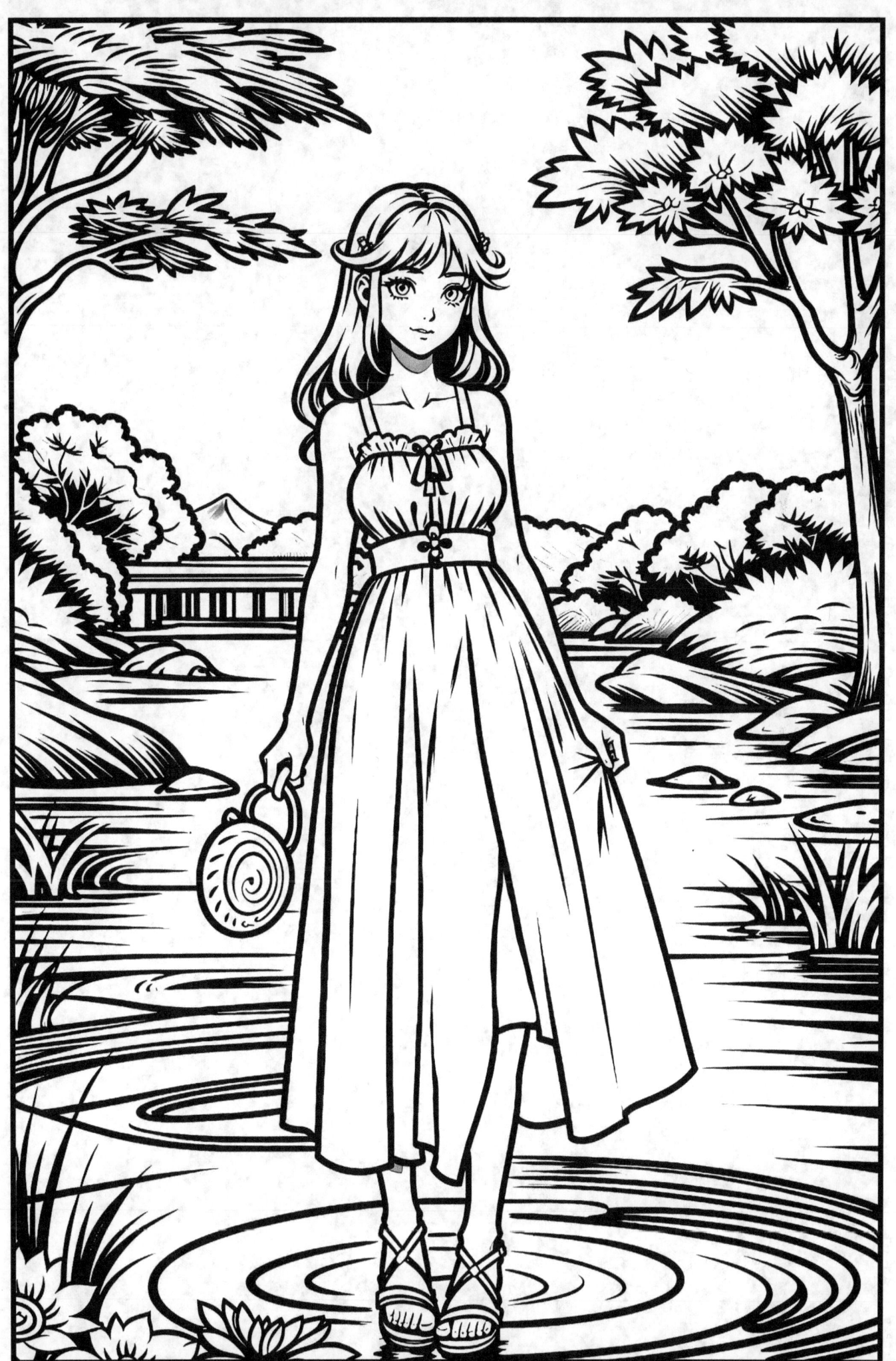

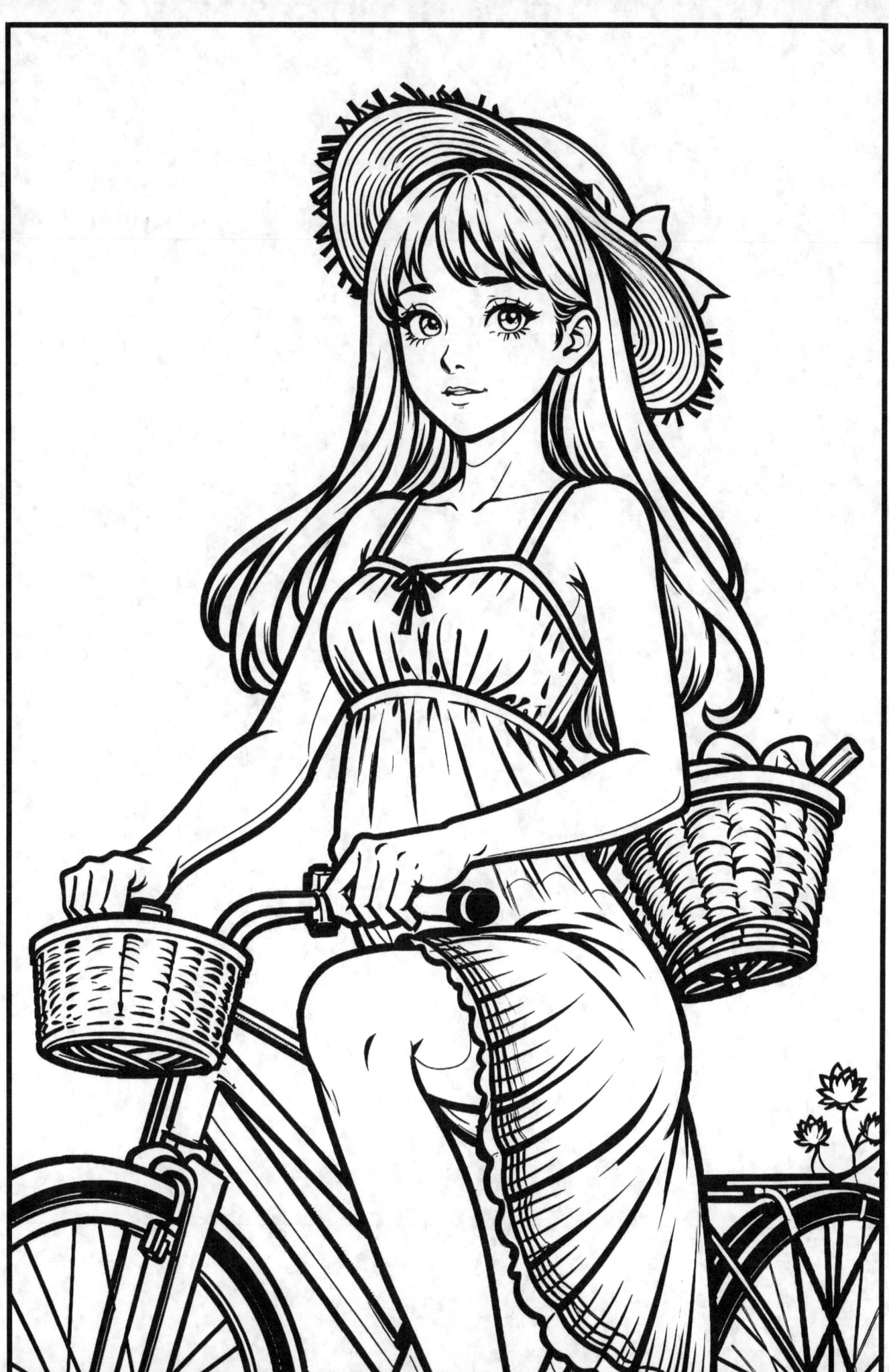

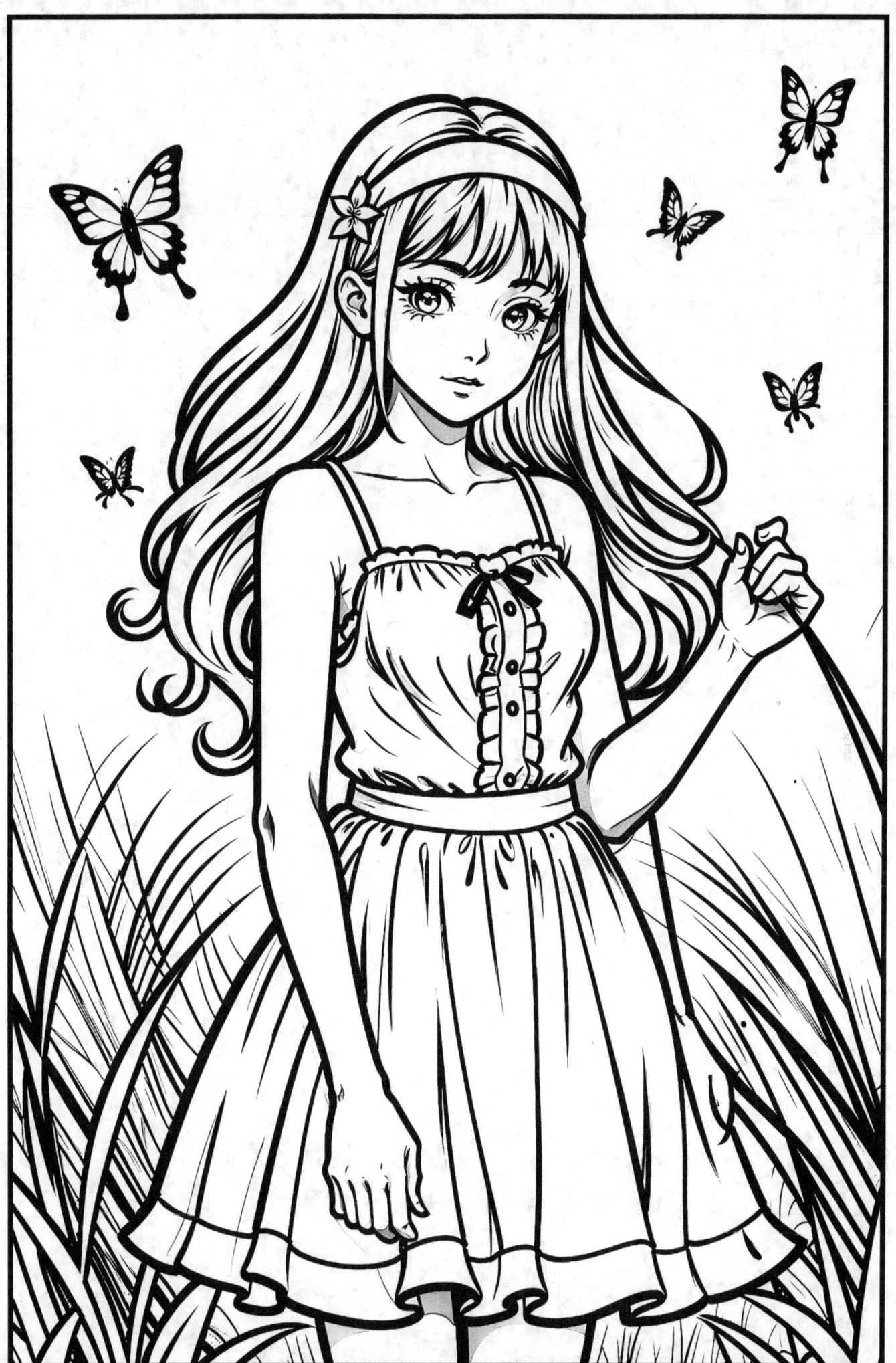

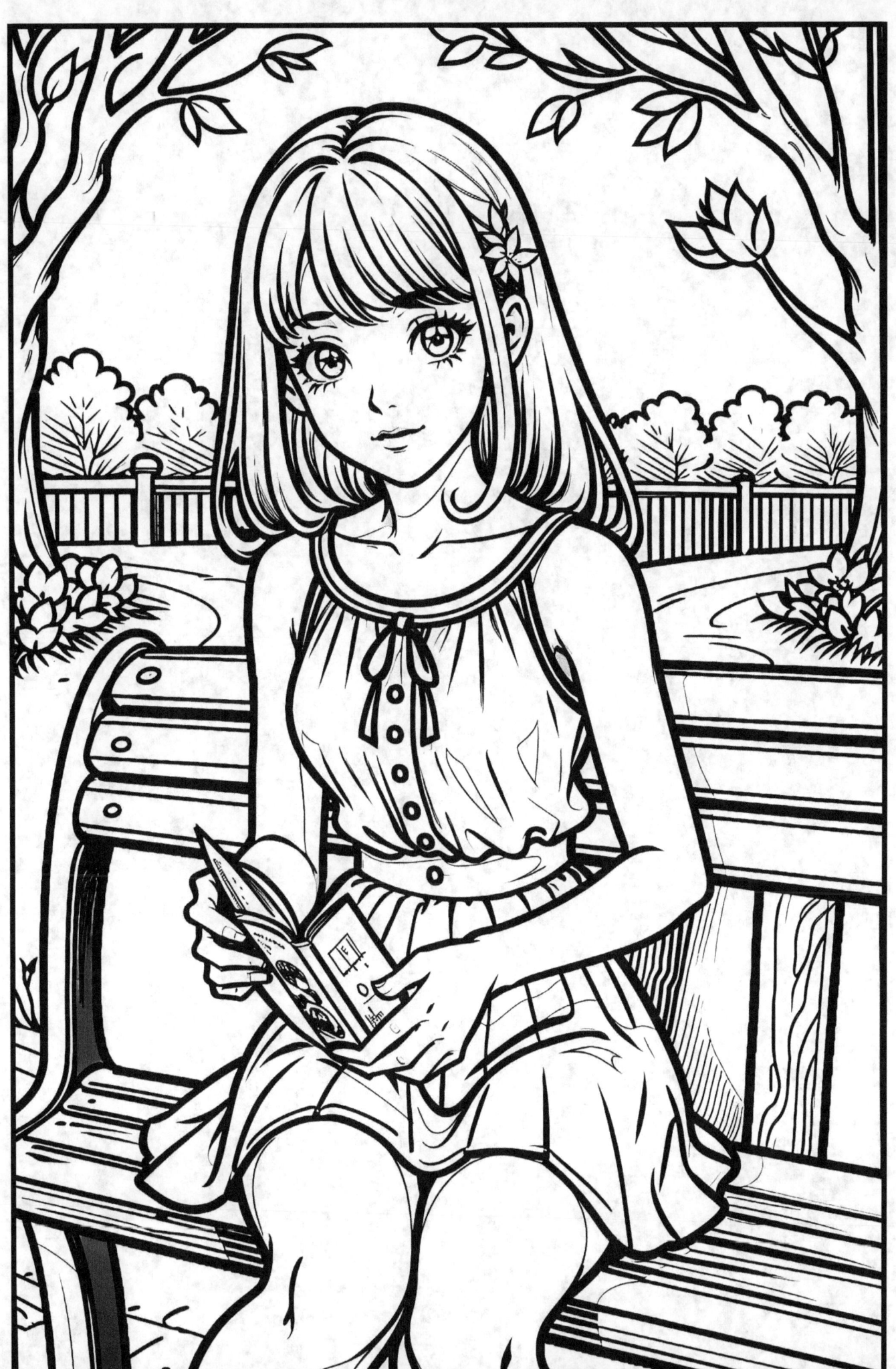

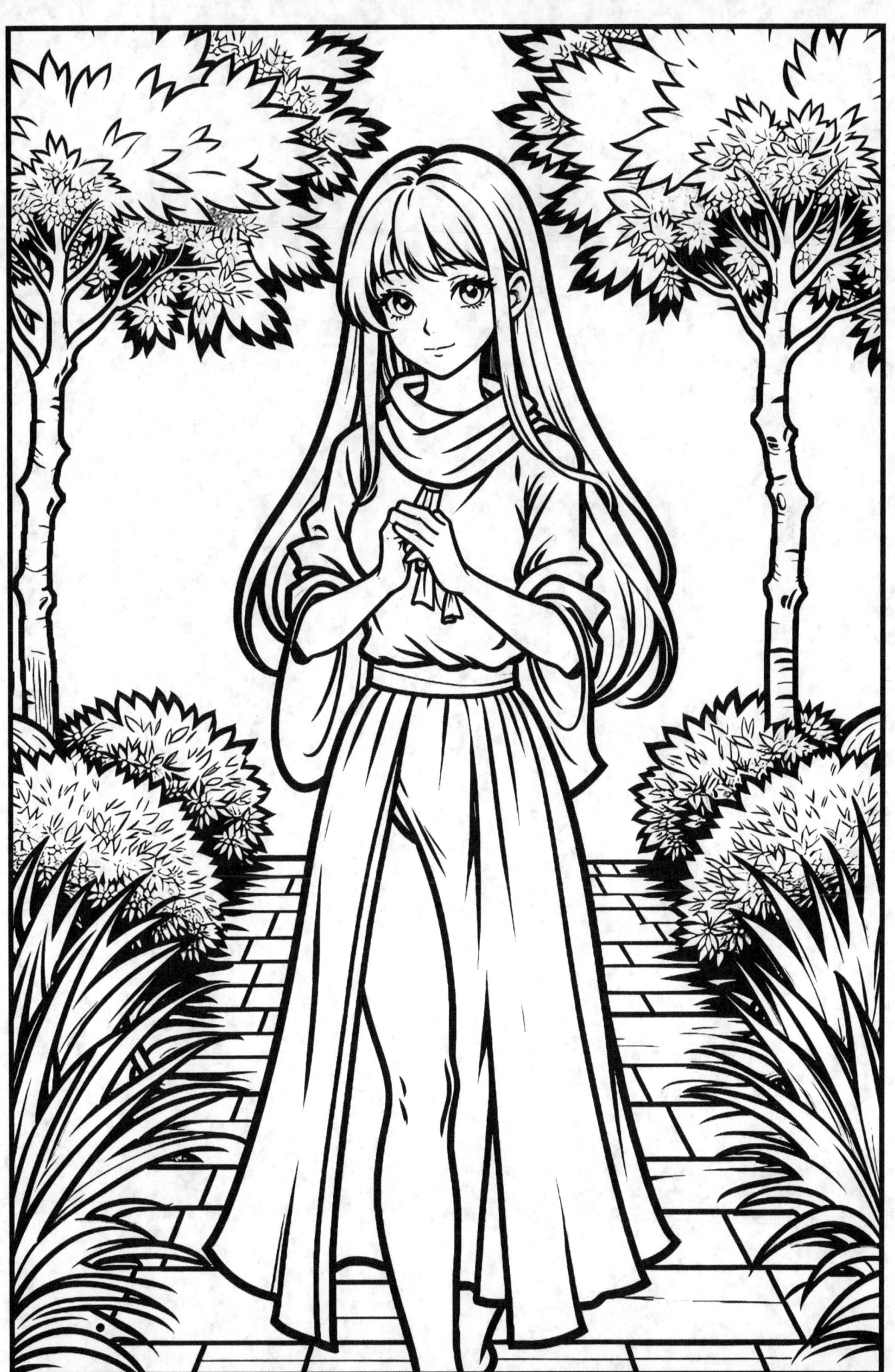

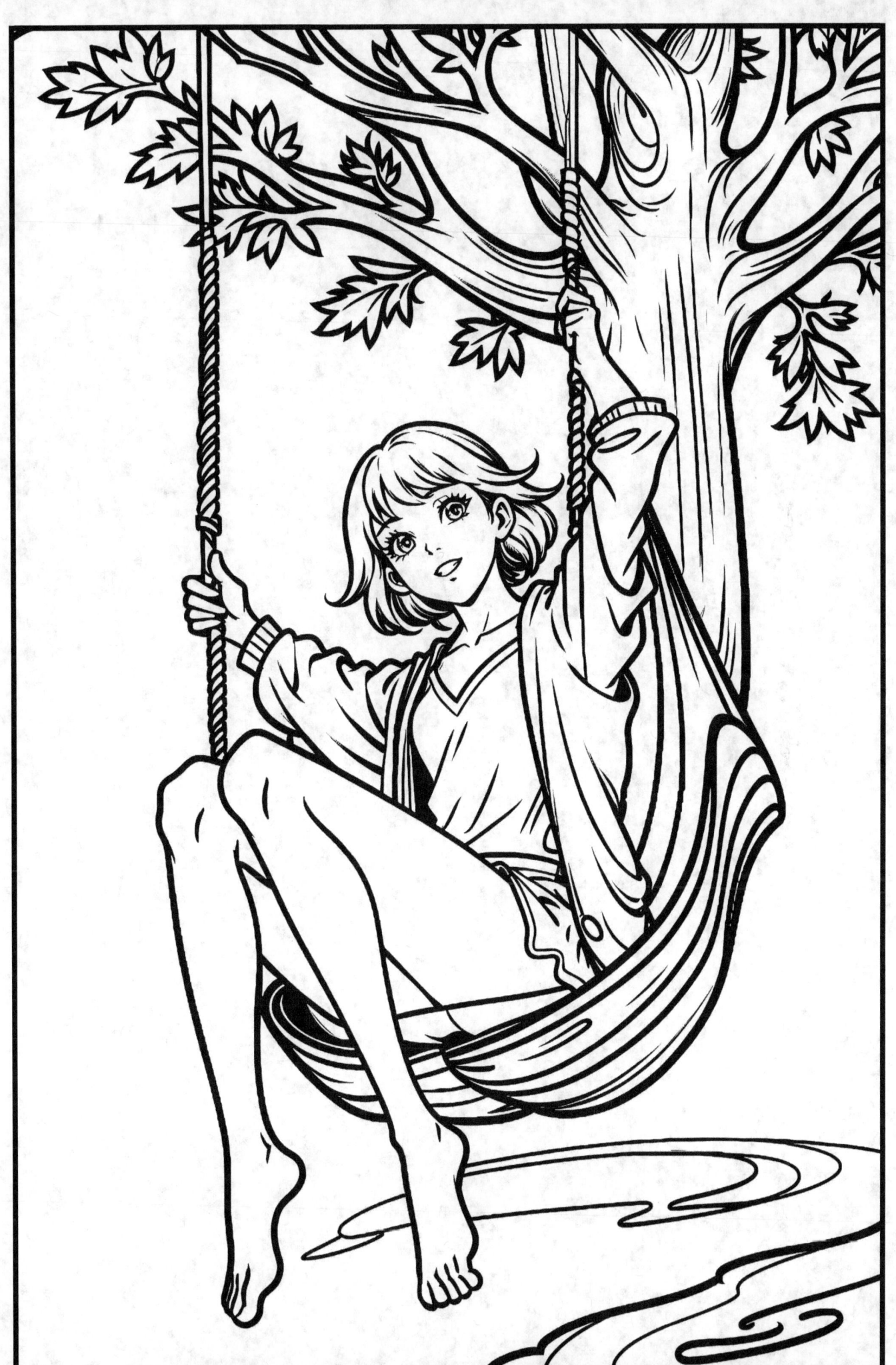

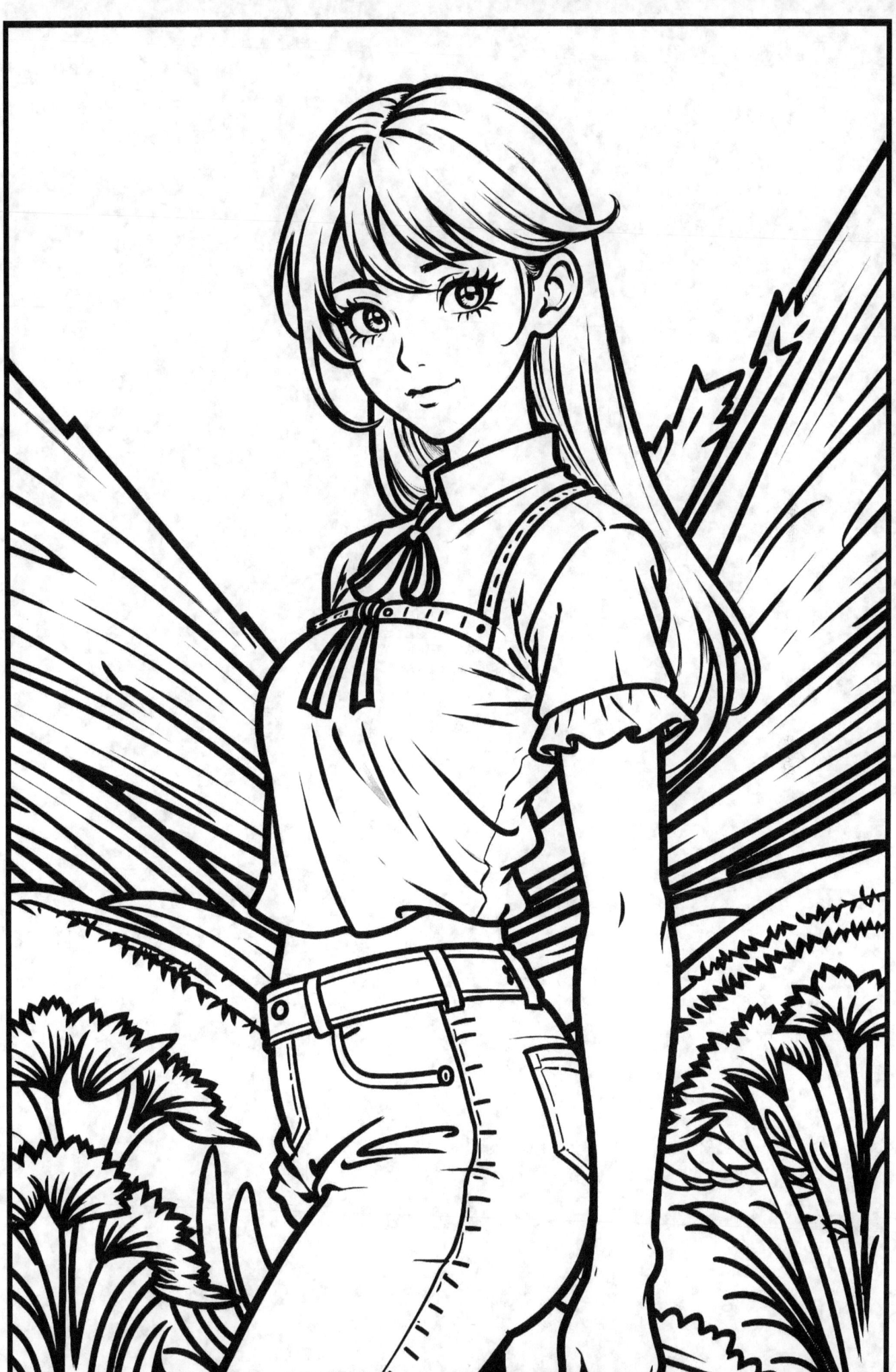

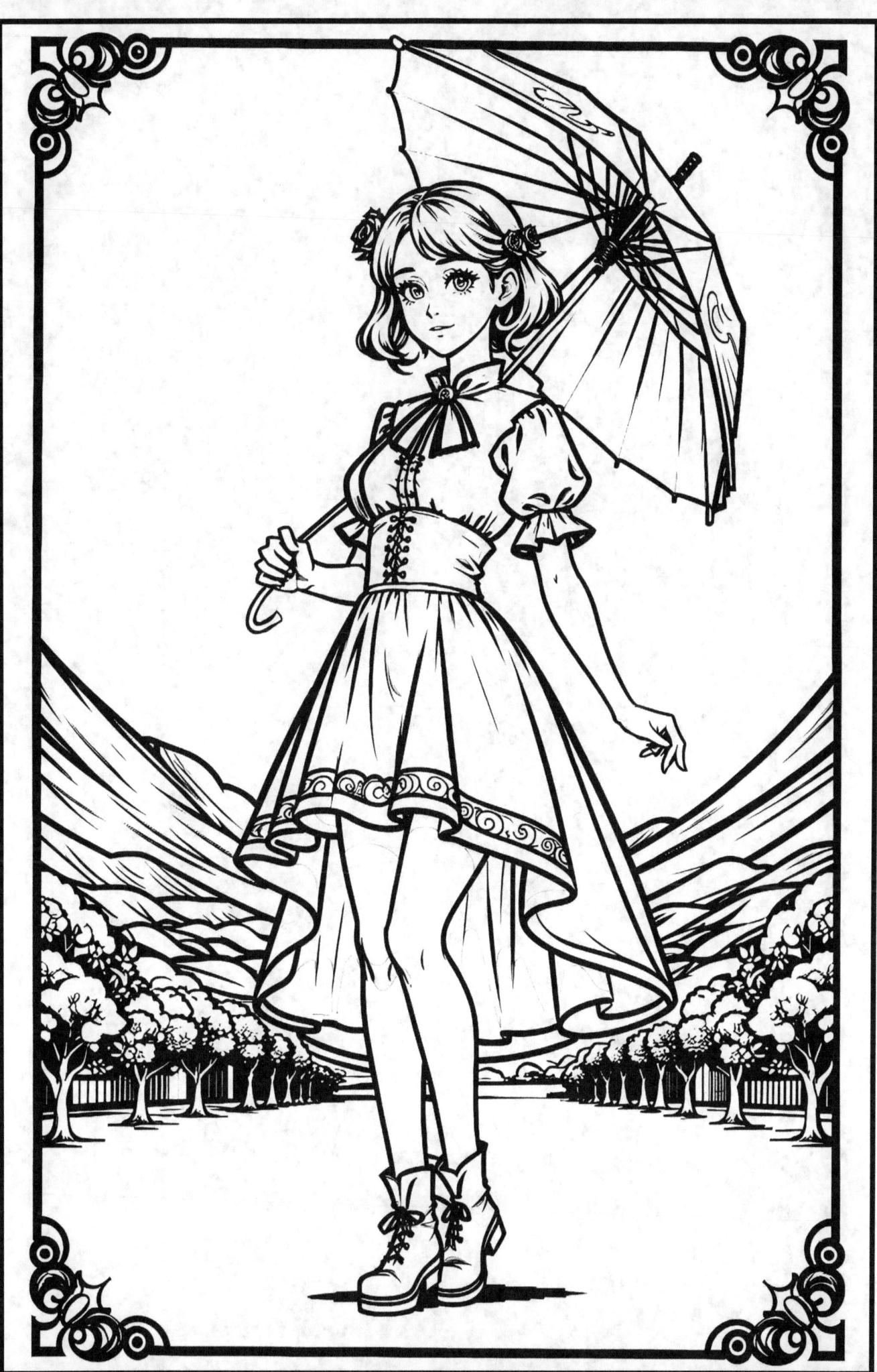

¡Gracias por eleginos!

Esperamos que cada página haya traído la serenidad del campo a tu corazón. Te invitamos a compartir tu experiencia con otros lectores dejando tu reseña en Amazon.

¡Nos encantaría saber cuál de todas las ilustraciones te ha inspirado más!

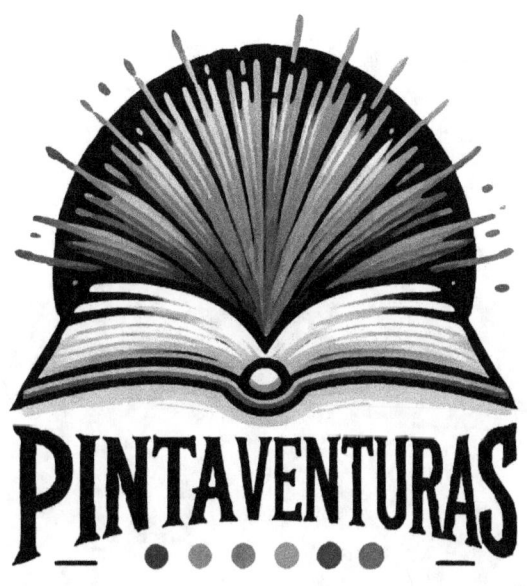

www.ingramcontent.com/pod-product-compliance
Lightning Source LLC
Chambersburg PA
CBHW062356220526
45472CB00008B/1828

* 9 7 9 8 3 4 5 4 9 6 0 0 8 *